Man Up! The Real Man's Book of Manly Knowledge

极端环境下
生存自救手册

【英】罗德·格林 著

吴文智 曹勇平 译

图书在版编目(CIP)数据

极端环境下生存自救手册/(英)格林著;吴文智,
曹勇平译. —苏州:苏州大学出版社,2016.1
ISBN 978-7-5672-1634-1

Ⅰ.①极… Ⅱ.①格… ②吴… ③曹… Ⅲ.①野外—
生存—手册②自救互救—手册 Ⅳ.①G895-62②X4-62

中国版本图书馆 CIP 数据核字(2016)第 027029 号
著作合同登记号　图字:10-2016-049 号

Michael O'Mara Books Limited/Soochow University Press/China/Man Up!:The Real Man's
Book of Manly knowledge
All rights reserved

书　　名	极端环境下生存自救手册
原著(英)	罗德·格林
绘图(英)	安德鲁·皮德尔
翻　　译	吴文智　曹勇平
责任编辑	杨　群
出版发行	苏州大学出版社
	(地址:苏州市十梓街1号　215006)
经　　销	江苏省新华书店
印　　刷	苏州工业园区美柯乐制版印务有限责任公司
开　　本	700 mm×1 000 mm　1/16
字　　数	124 千
印　　张	9.25
版　　次	2016 年 2 月第 1 版
	2016 年 2 月第 1 次印刷
书　　号	ISBN 978-7-5672-1634-1
定　　价	25.00 元

苏州大学版图书若有印装错误,本社负责调换
苏州大学出版社营销部　电话:0512-65225020
苏州大学出版社网址　http://www.sudapress.com

  这是一本为有独立冒险精神人士编写的书。它给我们的读者展示了非常实用的,然而长期以来已被我们忽略的生存技能,同时为我们传授了军人、探险家、登山运动员、海员和各类冒险家们总结出来的、宝贵的野外生存经验。通过这些他人积累的宝贵经验,我们的读者可以学会:

- 如何依靠太阳和星辰的指引导航
- 如何捕获鳟鱼
- 如何在沙漠中生存
- 如何安全渡过水位上涨的河流
- 如何紧急迫降轻型飞机
- 如何应对疑似中毒事件
- 如何处置险恶的局面

在人们越来越无须自力更生的年代,这本书指导我们如何运用我们的智慧和一些简易的工具,以及现场可能存在的条件来应对我们遇到的困难与潜在的危险。本书鼓舞人心且编写简洁,它收录了最新的知识、经验,让你了解在无法使用电话求助,也没有全球定位系统时,人的精神、意志,以及独立能力,远比任何电子设备重要得多。

本书将教会你如何在倾盆大雨中生火,如何在荒原野地里获取食物,以及更多,更多你迫切需要了解与掌握的知识……

目 录

绪言 /1

户外生存技能 /4

- 如何自制指南针 /6
- 如何辨识指南针 /7
- 如何利用太阳判定方位 /8
- 如何利用星辰判定方位 /9
- 如何发求救信号 /11
- 如何爬树 /13
- 如何躲避闪电 /14
- 如何徒手打开罐头 /17
- 如何打开瓶盖 /18
- 如何撬锁 /19

森林篇 /22

- 如何搭建临时庇护所 /24
- 如何生篝火 /28

- 如何在野外寻找食物 /32
- 如何采集野生植物 /32
- 如何捕捉兔子 /34
- 如何处理兔子 /37
- 如何捕捞鳟鱼 /39
- 如何清理鱼 /41
- 如何在没有锅的情况下烹饪食物 /42

沙漠篇 /48

- 如何应对中暑 /50
- 如何在沙漠里寻找水源 /52
- 如何在沙尘暴中生存 /54

北极篇 /56

- 如何搭建雪洞 /58
- 如何在冰天雪地里取水 /59
- 如何从冰河中脱险 /60

天空篇 /62

- 当飞行员丧失行为能力时如何迫降小型飞机 /64
- 如何在降落伞无法打开的情况下逃生 /66

水中篇 /68

- 如何解救溺水者 /70
- 如何应对倾覆的帆船 /73
- 如何制作木筏 /75

- 如何渡过水流汹涌的河流 /77
- 如何从流沙中逃生 /79

道路篇 /82

- 如何从掉入水里的汽车里逃生 /84
- 如何应对冰面打滑状况 /85
- 如何处理油门失灵和刹车故障 /87
- 如何应对爆胎 /89
- 如何逃脱道路伏击 /90

紧急救助 /94

- 如何应对电击 /96
- 如何处理烫伤和烧伤 /97
- 如何处理骨折 /98
- 如何系绷带 /100
- 如何进行人工呼吸 /101
- 如何应对窒息 /103
- 如何处理碎片和水泡 /104
- 如何应对恐慌症 /106
- 如何应对疑似中毒事件 /107

动物篇 /108

- 如何躲避熊的攻击 /110
- 如何击退鳄鱼 /112
- 如何处理毒蛇咬伤 /113
- 鲨鱼袭击时如何自卫 /114

- 如何阻止打架的狗 /115
- 如何应对具有攻击性的狗 /116
- 如何应对愤怒的公牛 /117
- 如何抵御水蛭的攻击 /118
- 如何处理水母蜇伤 /119

突发状况篇 /120

- 如何从失火大楼里逃生 /122
- 如何用沟通的方式化解争吵 /123
- 如何抵挡正面攻击 /125
- 如何应对身后袭击 /126

着装篇 /128

- 如何选择装束 /130
- 如何保养鞋子 /131
- 如何锁边 /133
- 如何缝纽扣 /135
- 如何缝补袜子 /136

结束语 /138

绪 言

你是否已经厌倦现代社会中久坐不动的生活方式？是否觉得网上冲浪无聊至极？是否觉得枪战片和赛车游戏了无生趣？是否觉得音乐电视时代的人生活枯燥无味，即使嘎嘎小姐（Lady Gaga，美国著名流行歌手）的视频对你也没有任何吸引力？

诚然，对于当今社会的许多事物，如外卖比萨、卫星导航、五叶式一次性剃须刀、无痛牙医术和谢莉尔·科尔（Cheryl Cole，英国娱乐明星）的出现等，现代人都应该心存感激。但是，它们的出现也让我们付出了代价，那就是人们走向户外，进行探险，并能应对危险的能力正日渐衰退。然而，正是你们的无精打采让我确定，你们已做好了书写属于自己英雄故事的准备。

回顾往昔，小男孩在成长中学习成为真正男子汉所必备的一切技能。我们的父亲和祖父们可以在雨中生火，自己动手修理爆裂的轮胎，缝补缺失的纽扣，在野外做一顿可口的晚餐，甚至可以在紧急情况下迫降轻型飞机。简而言之，他们懂得如何处理许多当代年轻人束手无策的事情。但是，这些宝贵的知识并不是在特殊的封闭式夜校里学习或是浏览网页就可以获得的，也不是生来就储存在人的基因里的。

祖辈父辈们是如何掌握对付愤怒的公牛、救助溺水人员的最佳方法的呢？他们中的大多数是在童年时期（当时健康安全条例还没有开始发挥作用）参加童子军运动中学习到这些知识的。当他们入伍报效祖国的时候,仍需被灌输、学习许多技能。其余技能则是由父亲传授给儿子的。

除此之外,现在的年轻人往往会去遥远的地方上大学、工作。在以前,没有什么比跟随父亲到当地的工厂或井下更让儿子们期待的了,然而这样的日子已一去不复返了。伴随它们一起消失的还有大量的传统,包括世代相传的生存技能。事实上,这并不是一件坏事,有多少旧工厂和矿井依然存在呢?

本书无意取代神圣的家庭传授方式,但是书中提供了许多生存自救常识。通过阅读本书,你可以知道如何在没有现代技术帮助的情况下处理一些突发事件。本书还让你明白为什么要学习过去年轻人几乎都知道的那些重要技能。事实证明,经过时间的变迁,这些技能仍然有效。

最有用的技能往往是通用的。首先,你要时刻保持清醒的头脑,因为担忧和焦虑无济于事。其次,你必须提前做好充分准备,不要等到情况突发时不知所措。大多数探险家都会为可能遇到的各种事件做好充分准备。

事实上,随身所带的物品主要取决于旅途的特定情况和探险目的地的环境。有一些东西是必备的,其中最主要的是方便食用的食品和饮料。它们体积小巧,便于携带,并且富含人体所需能量和营养物质。相比含酒精或糖类饮料,水或运动型饮料对身体更有益。救生包——一种折叠后体积很小的大型塑料袋,不仅可以用于保持身体热量,也可以充当临时帐篷的屋顶及其他多种用途。

还有一些非常实用的物品,例如,手电筒、纽扣式指南针、呼救口哨、急救箱和净水片。燧石和铁片,火柴及生日蛋糕上常用的那种蜡烛也要有备,因为它们有助于生火,而卫生棉条(是的,你没有看错)可作为生火用的火绒,极为便捷。那避孕套呢?携带避孕套不要希望会在森林里有艳遇。将洁净的避孕套放在闲置的袜子里可以制成一个有用的盛水器皿。避孕套还可以用来防护一些必备物品受潮（如火柴），它还有足够的弹性可以作为简易弹弓的投石器（成年人可以体验《淘气威廉》一书中讲述的故事）。

备上一些绳子（麻绳或细绳）会大有用处，可作为捆扎加固的工具或适合的捕鱼工具。记得带一把小刀，但是需要注意携带刀具的相关法律。一根粗棍在野外的作用堪比黄金，棍子不仅可用作拐杖支撑身体，还可以探路，清除灌木杂草，向陷入险境的人伸出棍子予以救助，用棍子可击退恶虫猛兽，将木棍打进地里起着木桩的固定作用以及扑杀猎取兔子……不胜枚举。需要牢牢记住的是，在野外探险，穿一双结实、舒适的粗革皮鞋非常重要。

接下来，你就可以开始认真学习了。

户外生存技能

自制指南针,这个聪明的小策略很奏效,因为无论你在世界的哪个角落,太阳都是从东边升起,从西边落下,你都可以借助太阳确定南北方向。

假如你计划开启一段冒险的旅程，你可以事先学会一些简单实用的技巧。这样，一旦旅途中发生状况，你可以从事先掌握的知识储备体系中提取相关信息。无论你是想简单地重温童子军活动的时光还是计划成为特种空勤部队的突击队员，只有经过准备才可以做得更好。无论你身处何种环境，以下技巧都很实用。

如何自制指南针

迷路意味着身处险境。因此，每位思维健全的绅士都会在远足前仔细检查工具箱，以确保所有可能会用到的地图以及用于指引方向的指南针都已打包带上。但是当发现自己身处偏远地带，又没有任何基本工具指示你所在的方位，不确定该走哪条路时你该怎么办？还有希望！即使你失去一切，你也可以用一些老式的方法确定所在的方位。

所需条件

（1）一块手表（指针式手表而不是数字式手表）；
（2）太阳。

怎么做

自制指南针，这个聪明的小策略很奏效，因为无论你在世界的哪个角落，太阳都是从东边升起，从西边落下，你都可以借助太阳确定南北方向。如果你处在北半球，正午12点时太阳位于正南方。假如你在南半球，正午12点时太阳在正北方。

在白天的任何时段，手表都可以充当指南针。如果你在北半球，可以将你的手表平放，并让时针指向太阳。位于12点和时针之间中点的方向是正南方。如果你在赤道的南部，重复同样的步骤，中间点就是正北方。

在没有指针式手表的情况下,简单地在纸上画一个钟面。通过其他途径(如电子手表或手机)确定准确时间并将指针画在纸上。这种做法不会很精确,除非你很擅长绘画,但是可以在紧急情况下使用。

另外一种做指南针的方法需要你有一根一到两英寸长的缝纫针、小块磁铁、一块软木塞(最好是酒瓶的瓶塞)和装满水的小容器(例如玻璃杯)。把针放在磁铁上朝同一个方向打磨一分钟左右,当针磁化后,把它穿过木塞,使木塞两端露出相同长度的针。随后把小容器平置于地面,让穿了针的木塞浮在容器的水面上,之后该针会找到最近的极点并指向该方向,是南极点还是北极点取决于你所在的位置。这种做法确实聪明,然而,要是你身边带了这么多制作指南针的必要工具,为何不干脆在工具箱里多备一个指南针呢?这样你就不用为取一个木塞而特地打开一瓶酒了,这不仅是一种浪费,而且很有可能被刺伤手。

如何辨识指南针

如果你非常明智携带了定向指南针,非常好。过去的男人只要能自己系鞋带,就肯定会使用这种最基本的工具,可是现在却不一定。你当然不愿意公开承认这一点,但不要紧,这儿没有什么需要保密的。下面就告诉你如何使用指南针:

将指南针保持水平。磁针的一端可能涂成了红色。不久后,磁针的末端停留在某一位置,指向磁北极。在保持指南针水平的同时,你可以转动罗盘,北边的方位指标会和磁针的红色末端重合,其他主要的罗盘方位点也大多会自动对齐。确保附近没有大的金属物品,也没有任何磁铁,因为这些物品会影响指针读数,让你走错方向。

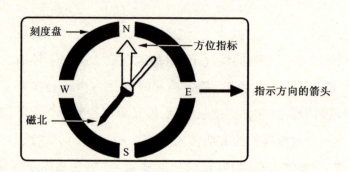

如何利用太阳判定方位

如果缺少上述任一种方法所必需的工具,你仍然可以只借助大自然的给予(以及一些绳子)定位南北方向。

所需条件

(1) 一根又长又直的木棒;
(2) 两块一般大小的鹅卵石;
(3) 一块平地;
(4) 一条绳子;
(5) 一根树枝;
(6) 一些空闲时间。

怎么做

(1) 早晨,把木棒插进地里,并将一块鹅卵石放在木棒投影的较远的边缘处。

（2）将绳子的一端系在木棒的底部，另一端系在树枝上，这根树枝将作为临时的铅笔使用。以所放置鹅卵石到木棒的长为半径围绕着木棒画一个半圆弧。

（3）随着时间的推移，中午之前，木棒的影子会逐渐变短，然后再变长。当影子的前端恰好到达所画的半圆弧处时，用第二块鹅卵石标记该点。

（4）早晚两块鹅卵石之间的直线反向标记了太阳由东向西照射的走向，也就是说，早上放置的鹅卵石处于西方，晚上放置的则处于东方。

（5）你已经知道了东西方的具体位置，再画出一条对角线代表北方和南方即可。

这些步骤你都掌握了吗？这个方法真的很简单，但是相当费时，如果你急于离开，该方法就不适用。

如何利用星辰判定方位

人们利用星辰判定方位已有数千年的历史，不过，这种技巧并不易学习（尤其是在这个时代，卫星导航系统使得我们的方向感进一步钝化），要掌握星空的奥秘，得经过多年的研究。然而，你应该牢记一些常识，这些常识可能会在暴雨倾盆的夜晚救了你。

记住，地球运转意味着每晚的星空都大不相同，星座似乎也在变化着方位。你不可能在北半球看到与南半球相同的景象。因此，你需要根据实际情况采取完全不同的策略。

如何在北半球上找到北方

找到北方的关键是北极星，它是天空中最亮的星星之一，而且幸亏它不像其他星星一样转动，它在天空的位置看起来几乎总是不动的。北极星对我们很有用,因为它位于北极上方。为了找到北极星,你需要辨认出北斗七星。

观察下图,不需要专家告诉你,你也能发现图片看起来更像一个长柄煎锅,而不是一把犁。确定煎锅边缘处的两颗星星,沿着它们的连线方向向上,北极星大约在它们的6倍间距处。

你需要借助猎户星座确定东西轴线。这个星座不同于你曾看到的其他星座,但是猎户座确实把构成猎户座腰带的三颗极易发现的星星合成一条线,这条线会给你提供东西方位的粗略参考,所以有必要学习一下如何找到猎户座。

如何在南半球上找到南方

遗憾的是,在赤道的南边看不到北极星。然而你可以利用南十字星座。在南十字星座的中心是四颗明亮的星星,它们组成了一个可辨识的十字形。寻找南十字星座,你必须先定位银河系中烟袋星云,它实际上是天空中的一片黑色区域。在这片区域里,你可以看到刚才描述的四颗星星和第五颗较暗些的星星。这个布局的左侧是两颗明亮的指极星,右侧是组成另一个十字形的四颗较暗的星星(你可以简单地忽略它们)。沿着南十字星座最高点和最低点连线的方向,向下延伸该虚拟线长 4.5 倍的距离,然后你向下注视地平线就找到了正南方。图表也表明,如果投影成直角的线和连接两颗指示星的线以同样的方式延伸,交叉点也指向南方。

如何发求救信号

有时候可能再多的导航也不能帮助你摆脱困境。也许你会发现自身所处环境太荒凉,到处走动要冒着很大风险,可能会使你或同伴受伤。在这种情况下,你需要发出遇险信号吸引救援。

在理想情况下,你会配备一部正常运行的手机,但是有时你在自家门前都不一定能正常接收信号,更别指望在茂密的森林中或沙漠里正常使用手机了。

或者,你应该预计到这点,事先携带一些信号弹。虽然信号弹不够轻巧,但是在紧急情况下能拯救你的生命,重一点又何妨?如果要吸引当地路人的注意,口哨也非常有用。大自然也可以提供大量制作信号的工具,这说明她对准备不足的人其实是很仁慈的,我们对此应心存感激。

记住关键信息,在世界的任何角落都可以达到预期效果——比如使用紧急求救信号 SOS(Save Our Souls 的缩写,表示救救我们)。你可以用树枝将求救信号 SOS 写在地面上,寄希望于飞机或是行人能看到。或者,你可以使用莫尔斯电码,由两种基本信号和不同的间隔时间组成,电码是…---…(三点,三长,三点)你可以点火把或吹口哨来发送求救信号,也可以用镜子向路过的飞机有规律地反射太阳光来传递求救信息。

你也可以借助火焰求救,尤其是在夜间。燃烧的火焰很容易让飞行人员发现陆地上的你。在火焰中添加新鲜绿叶会产生浓烟,白天你可以发出烟雾求救信号。

你还可以通过无线电传输,Mayday 是国际公认的求救信号。如果你在山上遇险,国际求救信号包括闪动 6 次手电、发出 6 次哨声或挥动

6次引人注目的物体,然后安静一分钟。对方3次挥舞火把,3次吹响哨声或3次挥舞物体即为确认对你施救的接受信号。

切记,救生员自身在营救过程中也要冒着危险。你应该表示感激,谦逊地接受救援。当你踏上冒险旅程时,可能自我感觉像极了詹姆斯·邦德,但事实上你更像憨豆先生。在这种情况下,就不要再奢望什么安慰和同情了。

如何爬树

爬树的原因可能有很多种。或许是为了占据有利位置考察当地情况,或是为了采摘特别诱人的水果,抑或是为了躲避凶猛的动物(有时候是为了躲避爱猜忌的丈夫)。有时,就像乔治·马拉里攀登珠穆朗玛峰一样,你渴望爬树仅仅因为那儿有棵树。一直以来,爬树都是一种勇敢行为,但仍有一些基本规则值得牢记,确保这种冒险行为不会以悲剧收场。

所需条件

(1)一棵坚固的树;
(2)结实的鞋子和合适的衣服。

怎么做

(1)确保穿着得体。鞋子要有鞋带,打双结,耐磨防滑。同样,衣服应该舒适合身,降低肥大衣服挂在树枝上的潜在风险。当你在树干上攀爬时,结实的布料可以保护你的皮肤。一双抓力良好的手套也很有益,但是要确保戴着手套时对树木仍有良好的触感。

(2)仔细选择要攀爬的树木。首先,确保树木足够粗壮,能够支撑你的身体(这是爬树前不能贪吃太多蛋糕的一个很好的理由)。环顾树干周围是否有成堆的落叶和树枝。如果发现许多落叶和树枝,这棵树很有可能是腐烂的,你应该重新找一棵树。要远离有毒的常青藤或各种恶心的虫子,不要选择很可能有动物或鸟类栖息的树。爬树对于人们来说,是与大自然亲密接触的机会,不要破坏它。

(3)热身。想要确保肌肉做好迎接前方挑战的准备,你要做各种运动。一些简单的伸展运动确保你在之后的攀爬中不会受伤。

(4)开始爬时,先借助又粗又矮的树枝让自己上树,并找到一个好的立脚点。在攀爬的过程中,要一直握好粗壮的树枝。和树干相连的树枝都很结实。你的攀爬活动也许会因你手中或脚底突然折断的嫩枝提前以不愉快收场。

(5)不要心急。你要和树木好好合作,不要让自己陷入被动。攀爬时主要借助腿部力量,用手臂更耗费体力。耐心寻找到达顶部最安全的路线。如果无法辨认这样一条路线,你的攀爬将会中止。

(6)一旦你到达顶部,就要想好怎么爬下去。下树的时候你应该正对着树干,就像上树时一样。如果可以,顺着原来的路线爬下去。不要向下看得太远,这会引起眩晕。即便你感觉树上离地面很近,也别忍不住跳下去,否则极有可能扭伤,甚至发生更糟的状况,让本来可以成功的一次攀爬以失败收场,这将会是莫大的遗憾。

如何躲避闪电

如果你打算成为一名指挥家,一定是交响乐团的指挥,而不是电的导体。你很难从遭受电击的受害者身上得到所谓宝贵经验,当遭电击时,你也无力改变些什么,这是事实,然而你却可以做好准备工作,将风险尽可能降到最低。

虽然大多数人只是偶尔才看见闪电,但在全世界任一时间点同时发生的雷暴多达1000次,每秒钟照亮天空的闪电多达10次。空气被太阳照射升温后,或经地表或地表水升温后成为暖空气,暖空气上升时便会产生闪电。从高海拔下降的冷空气经过暖气层时会变暖,形成对流循环气流。

上升和下降的气流不仅使空气中的粒子之间产生摩擦,而且使云层中水分子之间产生摩擦。所有的这些摩擦在云层底部形成负电荷,在云层顶部形成正电荷。云层中的电极不时会出现短路,就像你把附在电池两极的电线连在一起时发生短路看到的现象一样。正常情况下,云层里或云层之间会产生火花。如果云层底部的负电荷较为简单地释放,如向地面释放,我们就可以看到闪电。

电击有多危险

直径只有2英寸*的闪电球却可以产生高于33000℃的炽热,并且产生的电量足够普通灯泡使用三个月。闪电会通过最便捷的路径到达地球——借助制高点,如教堂的尖顶或高大的树木来跨越天空和地面的电弧。如果你不是那条最便捷的路径,你就能幸运地躲避严重伤害。据估算,全世界每年大约有2000人遭遇闪电袭击,其中高达三分之一的人死亡。

如何避免闪电袭击

放电产生的热量促使闪电球周围的空气迅速膨胀,产生一股冲击波,就是我们听到的雷声。当你听到响雷时,就知道附近可能有闪电活动。

通过计算发生闪电和雷声之间相隔的秒数可以判断雷雨距离多远。声音的速度是每秒约1100英尺,相当于每秒五分之一英里。计算

---

* 注:此书作者为英国人士。为了保持阅读的连贯性,译者没有将单位换算成中国通用计量单位。1英寸=2.54厘米,1英尺=0.3048米,1英里=1.609344千米。下同。

闪电和雷声之间相隔的秒数,将计算出的秒数除以五,就可以大概知道暴风雨距离你多少英里。如果你计算出的时间不到三十秒,那么可以知道暴风雨在不到六英里的地方。这意味着暴风雨随时会靠近你,你应该找到一个安全的避难所。

如果恰好在户外遇到雷暴,你应该避开所有高地,远离金属高层建筑,并且不要在树下避雷。如果下雨,绝对不要打伞,远离金属栅栏。如果你正在钓鱼,丢掉你先进超导碳纤维材质的鱼竿,无论有多贵。如果你要外出打高尔夫,最好还是不要出门了。将一根金属棒举过头顶击球实在是自找麻烦。

不要在锡棚小屋、高尔夫球车或是敞篷车中避雷。如果封闭的汽车或卡车遭到电击,你待在车里是安全的,但是避免触摸露在外面的金属表层。在雷雨中,带金属支杆的帐篷也不是安全的地方。最佳避难方式是躲在洞穴或高大建筑物里。大型建筑会为你提供最好的保护,即使待在里面也要远离金属窗框、固定电话线、计算机终端、电视和其他电器。

没有庇护所怎么办

如果你正在户外,在湖里或河里游泳,或正横穿一块平地,请遵循以下规则:

(1)保持冷静。由恐慌引发的事故比遭遇电击更容易伤害到自己。

(2)如果你正在游泳,赶快从水中出来。

(3)蹲在地上,不要躺在地上。如果闪电击中地面产生电流,鞋子能有效绝缘,下蹲越低越好,只留鞋底接触地面。

(4)不要躲避在沟渠或山谷里。否则你会成为闪电跨越它们的桥梁。

(5)不要到处乱跑。闪电球每小时运行的速度快达数千里。也就是说,速度比你快!

(6)要有耐心。雷暴不会持续很久,你会在听到最后一声雷响的几分钟时间里度过危险。

如何徒手打开罐头

要想在野外保证自身安全,你需要在填饱肚子的同时保持愉快的心情。不要让自己有饥饿感,这会让你感觉虚弱、疲惫且缺乏判断力。想象一下这个场景,你好不容易打包了一些可口的罐装食物,结果却发现开罐器忘带了。尽管如此也不要慌张,只要有一把锋利的小刀,你很快就能享受到美味。不要告诉我你也忘带小刀了……

把罐头放在一个平面上,然后用不握刀的那只手紧握住罐头的中间部位,另一只手握住小刀并远离着力点,迅速将小刀在边缘处戳进盖子,大约可以穿透半英寸。然后用小刀撬开其余部位,直到瓶盖完全

打开。你必须紧紧握住瓶身不松手,并且在这个过程中注意力要保持高度集中。用小刀(而不是手)撬开瓶盖,小心吃完罐头瓶里的东西后,把瓶口参差不齐的罐头放在安全的地方。

在没有小刀的情况下,你可以把罐头的末端放在粗糙的平面上,如石头的顶端,施加足够的力量反复摩擦罐头的边缘,该方法有助于你打开盖子。

如何打开瓶盖

你是否爱喝酒?问题是你忘带开瓶器怎么办?接下来告诉你如何解决。

拿一张五英镑的钞票,将它对折然后卷起来,越紧越好。再次对折形成弯曲,把折点楔入瓶盖下方。卷曲的钞票应夹在拇指和食指中间。用另一只手抓住瓶颈,推动钞票向上,瓶盖会迅速弹出。瓶盖弹出的力度很大,你要提醒边上的人小心。

另一种方法,你可以使用皮带扣,将其一端紧紧系在瓶盖上。拇指在环扣另一端处使劲拉拽。它的工作原理就像是一个传统的开瓶器。

即使没有开瓶器,葡萄酒瓶的瓶盖也能够轻易地打开。你可以把两个回形针拼凑成一个临时的开瓶器。首先,将回形针拉直,但是 U 型部分保持不变。选取一个回形针,并把它插进瓶颈处,塞到玻璃和木塞之间的空隙里,形成一个小"u"型。一旦小"u"低于木塞的底部,进行直角回旋式扭转,当你拉回形针的另一端时,针尖会插进木塞里。用第二个回形针在木塞的相反一端重复相同的动作。当两个回形针都插进木塞里后,松开大"u"并将它们缠绕在一起。这样就做成了一个足够结实的开瓶器。

记住,你要先检查一下瓶子是不是螺旋盖,否则费这么大力气开瓶就是徒增笑话了。

如何撬锁

如果你不小心把自己锁在了偏远的山区小屋门外,或是丢了背包里的钥匙,你可以向锁匠支付一大笔费用解锁(前提是要能找到锁匠),或者你就只能像小偷一样把锁想法子撬开。

所需条件

(1)一根临时准备的撬镐;
(2)一把临时准备的扭力扳手。

怎么做

(1)首先,弄清楚你要撬开的是哪种锁。日常生活中的许多锁是弹子结构。它们的工作原理是一个外罩内的圆柱体在上锁时,锁芯通过几对弹子固定位置,(用弹簧保持在原位),其中上边弹子伸到圆柱体的一端,另一端深入到外罩内。

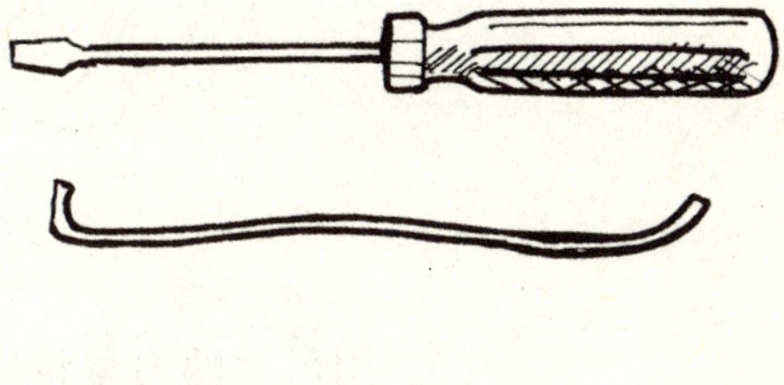

(2)配套的钥匙会将弹子向上推,推出锁芯,锁芯不会妨碍钥匙更改弹子位置,这样锁就打开了。这正是你需要复制的效果。

(3)假设你没有一套完整的开锁器(在许多国家和地区,有一套完整的开锁器是不合适的,它可能会引起当地警方对你的注意)。将扭力扳手插入锁的底部用以控制锁芯。在锁的顶部,使用撬镐,把弹子从锁芯中拨开。使用扭力扳手,你需要一个能够给锁芯施以足够力量同时又足够小的工具,能够留下足够的空间来控制开锁器。使用顶端较薄的一字螺丝钉正合适。回形针可以当作开锁器用。你需要把回形针掰直,在它的末端做出一个直角的形状。回形针在平时用场不大,但是对一般的锁来说,它足够坚硬了。

(4)插入扭力扳手,弄明白锁芯转动的方式。首先顺时针试一试,然后再逆时针试试。这两种方式都转不了太多,但是能转得最多的方向,就是正确的方向。

(5)插入撬镐。你能感觉到那些弹子被推上去,再落下来。然后你应该试着把它们一直向上推。一边应该比另一边遇到的阻力更大。如果这些弹子很容易就向上了或者一点儿都上不去,这个时候调整扭力扳手,减少或者增加力矩。

(6)用足够的力量将最顽固的弹子向上推——扭力扳手微微偏离锁芯,这样一来上方的弹子就不会落下(下方的弹子与锁芯对齐)。当你推下方的弹子而几乎不受到弹簧的阻力时,可以猜测锁芯里有一对

弹子被固定了。

（7）其他弹子也采取同样的方法。你或许需要花费一些时间验证装弹子的正确顺序。

（8）一旦弹子摆放到位，你应该可以用扭力扳手转动圆柱。

经验丰富的撬锁专家会告诉你扭力扳手起着关键作用，把握好合适的扭矩可以使弹子脱离锁芯并被固定住。同样，你的眼睛无法观察到锁的内部结构，但是你的听觉和触觉会给你各种暗示，帮助你了解相关进展。

谨记，撬锁只可以当作一项逃离困境的技能。如果动机不纯，你要对发生的一切后果负责。已经事先警告过你！

森 林 篇

　　营地的选址应该是水平的或略微倾斜的地面，要远离任何明显的河道，以避免你的帐篷深夜被大水冲走。还应该注意远离那些妨碍你正常宿营的小径，这些小径是被经常出没的动物踩踏出来的。兔子当然不会有什么问题（除了它们谈情说爱时发出的噪音有些烦人），但如果遇到的是狂躁的公牛、鹿或者熊，会发生什么结果那就不好说了。

你在灌木丛里艰苦跋涉了一天,时间渐渐流逝。夜幕降临前,你可能没有办法返回到出发地,更没有去其他地方的想法了。在星空下度过一晚是个不错的选择。用临时升起的篝火取暖,高歌一曲(可以唱《童子军之歌》,也可以唱《迷墙》),如果你想打造这样一小片伊甸园,你需要掌握一些基本的技能。请继续阅读并消化吸收。

如何搭建临时庇护所

决定搭建帐篷的时间不能太迟。在光线充足的条件下选择一个合适的区域,并收集建筑材料,然后开始动工。不要等到天黑,夜晚又冷又潮湿。

你一定不想在帐篷搭好之前出现低体温症。可怕的是,在低于正常体温一、两度的情况下就会出现这种病症。如果你装备齐全,那么可以很快搭建一个简单的临时栖身之处,或者是简易帐篷。

所需条件

(1)塑料帐篷垫或帐篷薄板;
(2)几英寸的麻绳或开伞索;
(3)一把锋利的剪刀。

选址

营地的选址应该是水平的或略微倾斜的地面,要远离任何明显的河道,以避免深夜你的帐篷被大水冲走。还应该注意远离那些妨碍你正常宿营的小径,这些小径是被经常出没的动物踩踏出来的。兔子当然不会有什么问题(除了它们谈情说爱时发出的噪音有些烦人),但如果遇到的是狂躁的公牛、鹿或者熊,会发生什么结果那就不好说了。

如果你打算借助现成的树木来搭建你的藏身之所,选择一个容易撑开你临时帐篷布的地方。如果你选的树木之间距离太近，就不能彻底地撑开帐篷；如果距离太远，帐篷布或绳结又无法够到。

如何搭建露营地

帐篷离地面的高度足够你自己爬进去就可以了。但一定要高到可以在帐篷面前形成一个合理的坡度，可以让雨水流走。帐篷的正面一定不能迎风而建，以免雨水被风刮进来。篝火一般升在靠近帐篷前方的地方，这也是你要考虑风向的一个原因。

（1）在帐篷的一角系一段绳索。有些帐篷布上有孔眼，有孔眼目标就很明确了，穿过那个孔就可以，但如果没有孔眼，你需要在帐篷的一角打上一个结，在结后把绳索绕圈，将绳索牢牢系紧以免在撑开帐篷时滑落。

（2）把绳索绑在树干或树枝上。如果没有合适的树木，可以找一根又长又直的树枝，用小刀把一头削尖，用石头或者沉重的树干打桩。

（3）对于帐篷前面别的角，重复这个过程就可以了，把帐篷布拉直拉紧。确保绳

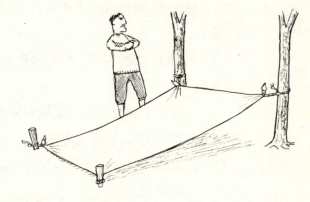

结牢固安全，这样一来，帐篷在夜里不至于被风刮走。

（4）选中后面的一个角固定在树干上或绑在打入地面的木桩上。

（5）在对面的角重复同样步骤。在地面和下边缘之间留一定的距离允许空气流过，但如果有强风，那这个方法就不一定可取了。在这种情况下，帐篷布的后缘可以被固定在地面上，沿着帐篷布用石块或木头加固。

（6）如果有需要的话，可以把树枝、原木或是树叶堆放在边角，使

你的住所更加舒适。如果你正好有心,在背包里带了较轻的帐篷和绳索——这些物品不会给你的探险之旅增加太多负担,有了它们,没一会儿你就可以搭建一个简易帐篷。

如何搭建环保帐篷

使用帐篷时,首先要做的事是选择合适的搭建地点。使用天然的材料时,要优化利用地形。嶙峋的岩石,倒下的树干或是地面上的垄沟(前提是没有漏水的倾向)能让你占得先机。

最容易搭建的庇护所就是披棚。披棚的屋顶和墙壁可以一齐搭建好,和帐篷具有相同的使用功能。

所需条件

(1)挑选12根掉落的直树枝,比你的大拇指细些,每根大约三英尺(1米);

(2)两根较长的树枝,大概和你的拇指一样粗,每根约六英尺(1.8米);

(3)至少二十四根又细又柔韧的树枝;

(4)几英寸的线、麻绳或伞绳;

(5)现成的树叶——蕨类或阔叶植物最好;

(6)一把锋利的小刀。

怎么做

你需要搭建一个框架作为帐篷的基础。打个比方说,你要建一个茅草屋,有了这个框架之后,你才可以往上堆茅草。

(1)如果你使用下落的原木或其他的自然物来支撑披棚,可以取十二根直枝,让它们斜靠在支撑物上,然后把支撑物的末端埋入土中以帮助它们定位,每个支撑物之间应隔开六英寸(15厘米)的距离。如果你没有多余的东西来支撑帐篷,没有东西支撑屋顶,可以用杆子来代替,同样每根杆子之间也要相隔六英寸(15厘米)。

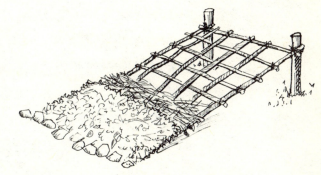

(2)选择两根稍长的树枝,将其与其他的杆子垂直摆放,一根放在顶部,另外一根在底部。用简单的几扎绳索捆绑固定,然后用麻绳将这些树枝与12根杆子从头至尾整齐地捆扎起来。

(3)这样,你就搭建出了一个基本的框架。可以把那些较细的小树枝编在这12根杆子上,把这个框架变成一个网格或晶格。编的时候要尽量保证每排的树枝沿着杆子的长度平均分布。编得越密,这些小树枝就靠得越近,在屋顶上"堆放茅草"就越简单。

(4)如果找不到自然材料来支撑披屋,那就找两根结实的棍子。把它们插入地下,木棍之间相距五英尺(1.5米)。同时还要确保它们有足够的高度,以便有足够的空间来搭建帐篷,一般来说,两英尺(60厘米)就够了。拿一块石头或一根比较重的树枝用作锤子就非常好。可以将格架斜靠在这两个支撑物上,并把格架底端埋进地下一点儿使其更牢固,防止大风将格架掀起。谨记,将屋顶倾斜一侧面对着盛行风向。接着把格架绑在两个垂直的桩子上。

(5)准备好开始铺设茅草。从格架的底部开始,把叶子和其他植物塞进织好的树枝里,正常情况下,最上面的叶子在格架的顶端,叶尖向下垂着。水自然就从叶子的上部流走,向下流到帐篷的外面。从帐篷的底部开始铺,形成一排粗糙的叶子茅草顶,然后再往上一点铺第二层。在这上面花的时间越多,小帐篷遮风挡雨的效果就越好。

(6)一旦你铺完一个基本的茅草屋顶之后,就可以在底部边缘处放置一些石头，使帐篷屋更稳固，或者在帐篷旁边堆砌一些石块或树枝，有利于保持帐篷内部恒温。在露营地附近捡拾到的东西也可以添加在屋顶上，比如带树叶的树枝、草皮、塑料袋、麻袋布。只要便于防潮的东西都可以。如果你没有绳索，在没有捆好框架的情况下编制网格也可以，但是这个网格不会很牢固。你也可以剥些长树皮，这些树皮可以制作成绳索。在紧急情况下，发挥想象力解决问题很有用。

如何生篝火

固定好帐篷后，接下来最先考虑的事情是生火。一罐豆子不可能自己煮熟，不是吗？

火也有许多其他用途。不仅可以取暖，还可以烘干衣服，向救援人员发射求救信号，净化水源，烧开水，甚至可以击退野兽。对独身被困在森林里或山坡上的人来说，火也是一种巨大的安慰，并能极大地鼓舞士气。检查一下工具包，以下物品可以用到：

（1）卫生棉条；

（2）打火石；

（3）火柴；

（4）生日蜡烛。

卫生棉条对男士来说没有什么用，然而在此情况下，卫生棉条的精致双层棉绒的易燃效果同理想的火绒一样，尤其在使用打火石生火时。不像火柴，受潮了就没用了，而打火机里的燧石或燃料可能耗尽。打火石产生的火花可以点火。

火柴很有用，现在市面上还能买到防水型火柴，你也可以将一个普通的盒子和火柴用发胶喷在一起，来达到相同的效果。但是所有的火柴都有同样的问题——火柴是一次性物品，你要尽可能确保每一根火柴都不浪费，这一点就不如生日蛋糕蜡烛了。

蜡烛在这儿不是用来照明的，也不是用来庆祝的——即便正逢你过生日，蜡烛是帮助你点火的，蜡烛体积越小越好，生日蛋糕蜡烛或小圆蜡烛最好，便于携带多个，还能把它们装在紧凑的救生包里。即使使用的火绒受潮了，它们也有助于生火。

所需条件

(1) 火绒；

(2) 引燃物；

(3) 燃料；

(4) 火焰或火花。

许多东西都可以充当火绒，例如，非常小的细枝、碎纸、干苔藓或是止血棉条上的棉绒。最重要的一点是火绒要完全干燥。你应该不需要大量的火绒。引火物可以是稍大的树枝或干棍子的木屑；而燃料是大号木棍和原木。用火柴或者打火石生火。

在点火之前，找到维持火焰燃烧所需的全部材料，这一点非常重要。等火绒燃尽再四处翻找就起不到任何作用了。你需要把所有的材料放在手边并将燃料排列好，这样你就可以逐步添加大块的木棍。尽管离开火堆的时间不宜过长，但火势很旺的情况下，你可以再去收集一些燃料。

选定地点

在帐篷前方生火，当心不要离得太近，火花或飘落的余烬会使你的帐篷或附近的树木、灌木起火。将周围地上的植被和落叶清除干净，让地面保持清洁和干燥。为防止火势蔓延，在清理好的区域四周围上石头或潮湿的原木，它们起防风林的作用，避免刚开始燃起的火焰熄灭。

如何点火

现在可以开始生火了,先将火种放在火堆中央,并用引火棒在火种上方随意搭建一个拱形顶,在此阶段不要过多堆放引火物品。堆得太高火柴够不着点火,空气供应也跟不上。

如果一直下雨,你可能无法找到非常干的火绒或引火物,这时,蜡烛可以帮忙改善情况。在火堆底部挖一个小洞并将蜡烛放在洞里,这样可以防止烛火被风吹灭。你可以在蜡烛上方用火绒和引火物品搭建一个拱形顶。然后将火柴伸进洞里点燃蜡烛,蜡烛燃烧产生火焰的恒定时长比任何一根火柴持续的时间都长。在非常潮湿的环境下,这会需要一些时间,但是最终一定会成功。接着取回蜡烛,以防需要再次使用。然而,如果蜡烛火焰被吞没了,或不小心在火焰开始燃烧的时候把它扑灭了,不用太在意。这只是一次小事故,这只蜡烛已经完成了它的使命。

火绒一旦被点燃,引火物也开始燃烧,你每次可以再少添加一些引火物。注意,不要让木头把火焰盖住,否则火焰会熄灭。应按照引火物和木棍的体积从小到大依次添加。

篝火燃烧较旺时,可以考虑添加大块燃料,例如:较粗的树枝或原木。在火堆四周环绕石头或潮湿原木用来限制火势的大小。大火会消耗更多的燃料,因此不要再试着持续堆加燃料,否则燃料很快会被耗尽,这样的话,你还需要寻找更多的燃料。

如果你使用的是打火石,点火过程中大量火花会散落在引火物上。干燥的引火物一旦沾到火花就开始燃烧。用嘴轻轻吹引火物,较多的氧气有助于燃烧。

其他火源

如果你没有火柴、打火机或打火石,还有其他点火的办法。可以用放大镜将太阳光聚集到易燃物上,将汽车电池终端的电线接在一起也可以产生火花。大家经常听说童子军可以靠摩擦两根木棍取火,小动物就不会这项技能了。但是你可以学会钻木取火。

所需条件

(1) 一根非常干的树枝;

(2) 一些火引;

(3) 干的引火柴;

(4) 一根柔韧的木棍,跟你的小指一样粗,和你的前臂一样长;

(5) 一根线;

(6) 一根干的直木棒,像你的小指一样粗,和你的前臂一样长;

(7) 一块扁平的石头,大小以能放在手中为宜;

(8) 一把锋利的小刀。

怎么做

你要做一个"火钻"或"火弓"。取一截柔韧的木棍并微微弯曲,将绳子系在木棍的两端形成一个弓。现在你需要将准备好的树枝放在地面上,最好选择一块干燥的地面,上面放一些木棍或石头。树枝需放稳固避免移动。

在靠近树枝的中部边缘刻一

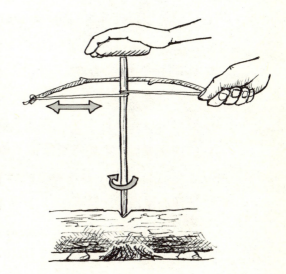

个凹槽。直接在凹槽下方塞一些火绒。将直木棒的任意一端削尖,就像给弓做箭头一样。将弓弦缠绕在箭杆的中部。现在将箭头放在你刻的凹槽里,将弓箭垂直放置而弓保持水平。

一只手拿石头并压在箭尾,另一只手旋转凹槽里的箭头,弓也随着前后转动。尽量保持舒适的姿势,因为钻木的时间将会持续数小时,只有蓄积足够的热量,木头和火绒才开始闷烧。一旦成功,你需要轻轻吹气增大火势,然后添加助燃物。不要在双手手掌间用力钻动钻头,在快要产生热量之前,双手会脱皮。这与烧伤的情况不同。

如何在野外寻找食物

你找到了庇护所并燃起了熊熊火焰。接下来就会考虑如何填饱肚子,这是再正常不过的了。据说一个人不进食最多可以存活两个星期,前提是他有水喝,但不吃东西肯定是没有力气思考和继续走下去了。你需要进食来保持体力和活力,食物不会影响你的志气。在求生的情况下,你可能会花大部分时间去寻找充足的食物,你必须确保进食食物供给的能量比你寻找食物过程中消耗的能量要多。你需要知道在哪里可以找到食物,能够辨别哪些食物能吃,哪些会诱发疾病。

如何采集野生植物

植物可以提供许多营养物质,通常情况下,采摘植物比猎捕动物消耗的体能少。如果旅行或是徒步穿过一个地区,你应该花点时间了解一下当地的植物种类。某些植物,例如菌类(包括蘑菇)很容易认错。这样的错误是会致命的,因为有些菌类对于人类来说是有剧毒的。除非你对识别菌类非常自信,否则别去触碰它们。

对于大多数其他植物来说,你可以进行可食性测试。尽管如此,不要尝试用该方法检测菌类,因为毒性可能不会立即显现出来。稍有常识的人都知道应该避开所有气味不好的植物(尽管这不是你回到家时扔掉豆苗的理由)。同样地,植物鲜艳的色彩正友好地提醒你不要食用它们。留心观察当地的野生动物食用哪些植物。适合兔子或是松鼠食用的植物未必对你有益,但是当地人回避的食物肯定对你有害。

可食性测试

证实一种植物是否可以食用的唯一绝对安全的方式是准确了解这种植物是什么。但是,如果你对一种植物存有疑虑,特别是这种植物在你周围环境里大量存在并提供充足食物来源,你可以进行可食性测试。这是一个缓慢的过程,如果你有安全的食品就坚持食用,这在危险时机可以减少很多麻烦。当身体需要储存好东西时,食物中毒是你最不愿看到的事情。

一次只能测试一种植物,因为植物的各个部分不一定都能食用,你应该将根、茎、叶、花和果实轮流分开检测。只从看起来很干净且没有受污染的地区收集外表健康的植物。在干净的水中清洗植物,切除所有坏损部位。要像科学家一样,有足够的耐心和细心。

(1)首先查明植物是否会刺激你的皮肤。选取一小部分你需要检测的植物,将其碾碎并擦在前臂内侧的皮肤上。半个小时后,如果没有刺激、红肿、起泡或灼伤的症状,可以进行下一步。

(2)碾碎另一小块检测的材料,并把它放到牙龈和下嘴唇皮肤之间的位置。等待大约十分钟,对口腔内的任何刺激和难闻气味保持警惕。

(3)到目前为止还没有出现不良反应,可以试着咀嚼,当心苦味、灼热感或其他难闻气味。

(4)如果仍没有不良反应,试着喝点植物的汁液。不要把嚼过的植物吞下而是吐出来,从现在开始至少等八个小时,警惕胃痛、呕吐、痉挛和其他不良反应。在这段时间里不要吃会干扰测试的其他东西。确保你喝的是淡水,因为你绝对不可以脱水。

(5)八小时后,如果没有任何不良反应,试着少吃一点,但不要超过拇指指甲盖大小。再观察八个小时。

(6)若是仍感觉良好,试着再吃一部分植物——不超过手掌大小。等24小时,如果没有不良反应,该植物也许可以安全食用。经过这么长时间的试验后理应获得一些食物。

采集来充当食物的植物应该在清水里仔细清洗。坚果、浆果或其他水果最好生吃,因为生吃的时候营养最丰富。剩余的其他部分应该煮熟,这样会更美味。保持两个容器里的水煮沸,植物被烹饪了一段时间后将其转移到干净的沸水中。用这种方式代替水有助于去除食物中的各种苦味。

最后,任何对可食用植物感兴趣的人,都应该花点时间研究相关书籍和手册,可能的话,与真正的专家交流——以避免致命的错误。

如何捕捉兔子

在野外身处绝境时,植物养分虽然很丰富,却只能提供人体所需的部分营养。植物可避免饥饿,但是为了保持身体健康,你需要吃比平常更多的蔬菜。当然,这不是均衡的饮食,要保持足够的力气继续生存,你还需要找一些动物性食品。

我要讲的以下部分内容,你们当中的素食主义者必定不感兴趣。捕捉兔子或其他野生动物需谨慎对待,这在有些地方是违法的,并会引起他人强烈不满,除非陷入绝境,万不得已,否则不要去杀害野生动物。但如果现在你必须去捕捉小兔桑普呢……

首先要仔细观察。在长满草的堤岸或树根旁可以找到兔子的洞穴。留意路上的兔粪，它们也会帮助你发现兔子的奔跑路线。像大多数野生动物一样，兔子是习惯性动物。它们会在黄昏时分遵循相同的路线外出觅食，这就是兔子容易被捕捉到的原因。找到部分兔子的奔跑路线，最好远离你露营的地方。你散发的气味和产生的声响会吓跑猎物，迫使它们选择另外一条路线。

设置圈套

结实、柔韧的电线是制作圈套的好材料。大致说来，你需要做的就是制作一个套索。

（1）选择一端，弯曲一小段电线并缠绕在其余部分上形成一个小而结实的圆环。

（2）将电线的另一端从小圆环穿过弯成一个更大的圆环。这就是你的套索。要抓到一只兔子，该套索大约要有6.5英寸（16.5厘米）宽。它可以轻易滑动，用最小的力就可以拉近。

（3）需要提醒你的是，剩余的电线必须弯成一种可以插进地里的销钉。它可以使套索保持垂直，套索的底部距离地面6英寸（15厘米）。当兔子沿着运动轨迹跳跃时，头会钻进套索，套索会紧紧拴住脖子。（确定所有的素食主义者都离开房间了吗？）

（4）销钉是为了在奔跑路线上方保持套索的平衡。需要将另外一段电线或绳子系在销钉上并固定一个结实的木桩上，然后将这个木桩插进地里。当兔子落入圈套后继续向前跑，但是圈套拴在木桩上，兔子的脖子被圈套拴着无法逃脱。

如果没有合适的电线做圈套，可以用绳子代替，尽管绳套需要以某种方式悬在空中，或者要用树枝把绳套撑开。金属圈套的美妙之处在于可以自给自足，不用借助外物，由于这个原因，金属圈套经常被纳入应急救生包。

放置圈套

你要把圈套放在兔子的奔跑路线上。兔子跑过的地方通常会留下深深浅浅的脚印。如果可以，把套圈放在一个较浅脚印的中间。

在放置套圈并固定它时要格外小心，不要惊扰到兔子。尝试用落叶掩护一下套圈。将掉落的树枝放在道路的任一边引导兔子进入套圈。不要用绿叶吸引兔子，兔子要么起疑心，要么将新出现的树叶当作一顿送上门来的晚餐吃掉。

要在早晨或是下午较早的时候放置圈套。这样有时间消散你留下来的气味。在圈套上涂抹一些兔子的粪便有助于掩盖你的气味，但是要确保粪便还有气味。

检查圈套

不要试图在天黑一小时后冲回你设置的圈套，查看是否有猎物。这样做，你只会吓跑附近的兔子。如果你设置了不止一个圈套，尽量把它们分开放,因为一只兔子被套引发的骚动会吓跑其他兔子。

如果你套住了一只兔子,而且它还活着,立即把它抓走。去掉兔子脖子上的圈套,右手紧紧抓住它的两只后腿(不只是脚),左手从后面抓住它的脖子,拇指和食指捏住兔子的下颌,把兔子按住,扭转左手的同时右手再用力一拽,兔子立刻一命呜呼。另外也可以用岩石或粗树枝猛击兔子的头部,但这不能保证快速致死并且会很麻烦。

如何处理兔子

现在晚餐的主要食材有了,你要用一把锋利的小刀先将兔子放血。最简单的方法是把兔子的后腿绑在一起倒挂在树枝上。用锋利的小刀切掉兔子的头,让血液全部流出。

将兔子打死之后要尽快放血、取内脏和剥皮,这些步骤稍微有点费事。不要在你打算重新设置捕猎圈套的附近宰杀兔子,散发的气味会吓跑其他兔子。也不要在露营地宰杀兔子,这样会引来苍蝇、腐食动物甚至充满敌意的食肉动物。选择一个返回露营地较为方便,但又离你的圈套和露营地足够远的地点,避免引起不必要的麻烦。

兔子的血会很快放完。然后剥皮取内脏,你需要遵循以下步骤:

(1)左手抓住兔子的前腿,让它的背靠着你,后腿悬挂下来。右手从兔子腹部开始朝生殖器向下用力挤压。这样可以排空膀胱内的尿液。另外一种方法,用拇指和食指挤压兔子的下腹部,可以达到相同的效果。

(2)现在用锋利的小刀从颈部开始沿肚子中线向下划一道口子。口子不要太深,露出内部的肉就行。避免刺穿兔子的内脏。

（3）剥掉兔子肚子背面的皮肤和绒毛，接下来，小心地刺穿肌肉。如果你摇晃兔子的尸体，基本上内脏会完整地脱落，不然的话，需要将手伸到肚子里面将内脏掏出来。

（4）如果你可以识别肝脏、肾脏、心脏和肺，你可能想把它们搁置在一旁。大多数哺乳动物的这些器官看起来大体相同。在求生环境中，这些器官煮熟后会很美味，如果你没有把握准确辨认这些器官，把内脏都丢弃掉。将它们放在灌木丛里，大自然可以循环利用。不管你此时此刻感觉如何，即使连手肘上都沾有兔子的内脏，你也不要成为周围环境的敌人。

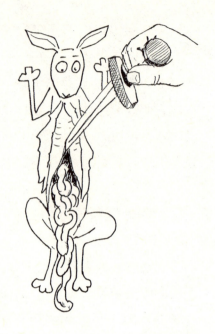

（5）确保没有黏附在尸体上的内脏残留物。用小刀刮掉不容易去除的物质。

（6）现在，你需要剔除毛皮。切除四肢的下半部分——"脚"，然后向下割开皮肤，沿着每个前肢的下面一直割到你之前沿着中线切割的部分。

（7）你现在可以剥掉兔肉上的皮。一只手的手指紧紧抓住兔子的颈部里面，从脖子起向下剥皮。你需要不时地将小刀轻轻插到兔子的皮和肉之间，可以使剥皮的过程更便捷。

（8）当剥皮剥到后腿时，你要像切割前腿一样切割后腿，有助于把皮全部去掉。除非你要花时间处理兔皮作为应急服装，否则把皮和内脏一起扔掉。

（9）去除依旧附着在尸体上的小撮毛皮。

（10）在清水里清洗整个尸体，尤其注意体腔，确保完全洗干净。

现在清理工作完成后可以烹饪兔子了，尽管你可能选择通过切掉腿和肩膀来屠杀兔子。谨记，头、肋骨和其他部分可以用来煮原汤，即使骨头，如腿骨已经在篝火上烤过。清理兔子过程中的废弃物应该烧毁或掩埋（深处），避免吸引老鼠甚至是食肉动物。

如何捕捞鳟鱼

鳟鱼不像兔子那样毛茸茸的，但是很美味，它是河流里的骑士。捕捞鳟鱼是打包晚餐最有效的方法，捕捞过程中不需要渔网、钓鱼竿、绳子、钩子或其他常用的渔具。这是一种古老的偷猎技巧，如果在地主的鳟鱼小溪旁被人逮到，这种技巧可以帮助偷猎者躲避起诉。没有使用渔具（他们非法捕捉到的鳟鱼藏在口袋里），他们是怎么捕捞的呢？这种行为本身听起来有些不得体，确实，就像捕捉兔子一样，捕鳟鱼在有些地方是违法行为，所以了解一下当地的法律，确保你可以捕捞鳟鱼。但是，不管合法与否，如果你真的处于困境并急需进食，只能使用这种技巧。

所需条件

（1）敏锐的观察力；

（2）极大的耐心；

（3）细腻的手法。

怎么做

首先你必须看着河流。鱼没有眼睑,因此它们不喜欢待在明亮、阳光充足的水域,观察是否有鱼从湍流向上游且游到阴凉处休息,它们最可能待在岩石下或河堤边沿纳凉。如果你在这些地方发现有鱼,小心翼翼接近它们。

一些捕手建议到水里去以获得捕捉猎物的最好机会。从下游接近猎物,避免任何干扰使能游到你所在位置的鱼受到惊吓。即使如此,你仍需小心踏步地接近鱼,近到在它毫无察觉的时候将它抓住。有些捕手认为从水边就可以轻松抓到鱼。

鱼在河岸边沿下于你最大的好处是你不会被发现。接近你认为能够很好藏身的河岸或是鱼藏身的岩石,把脸贴在河岸上并把"逗鱼"的手伸到水里。确保是在你所猜测鱼藏身之处的下游地区。把你的手和前臂放在水里一段时间,使体温逐渐接近水温。

现在要非常缓慢，小心，尽可能把手伸到水底，手逆流向前滑动，用成杯型朝向上方的手掌轻轻抚摸鱼。动作一定要轻柔，你可能感觉自己摸到河里光滑的石头或是树根，这些都可能被河里的黏液覆盖，这种体验或许不愉快（但可能比剥兔子皮、取内脏的感觉要好）。如果你以前没有触摸过鱼，要控制住紧张情绪，对这种陌生，湿滑的感觉做好心理准备。

你轻轻触摸到的第一部分是鱼的尾巴。在鱼的下方缓慢移动你的手，缓缓滑向鱼鳃前轻轻击打几下鱼的肚子，让鱼放松，进入一种飘飘然，预潜水的状态。

现在，振作精神，准备一气呵成把鱼从水里拿出来。你要紧紧抓住鱼头后部的鱼鳃，同时把手臂从水里抽出，伸直远离河岸的背面，并将鱼扔到远离岸边的一块干地上，这个时候，鳟鱼受了惊吓，会拼命挣扎。你必须紧紧抓住它，它才无法挣脱跳回水里。没有什么危险，用石头或树根简单击打鱼的头部就可以迅速将它制服。

如何清理鱼

如果你成功捕获了鳟鱼，先别忙着庆祝，你还需要动手制作美味的鳟鱼大餐，先把冰冷的手擦干。在你开始烹饪前，需要把鳟鱼准备好，这是个相当简单的工作，仅仅花费几分钟的时间。然而，要做好你的手会变得又脏又冷又湿的准备。清理时你只需要一把锋利的小刀。

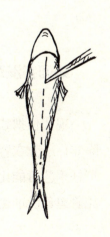

（1）左手抓住鱼（如果你是左撇子就用右手抓），将鱼肚朝上，头朝向自己。

（2）将鱼剖开，从鱼尾附近的"排泄口"（肛门）起一直剖到鱼鳃下方。剖的过程要格外小心，以防刀

片太过深入而刺穿内脏,污染鱼肉,使鱼无法食用。

（3）现在拿着鱼——拇指放在下颌处,食指放在鱼嘴里。其余手指伸进体腔,拉出所有内脏。

（4）用大拇指把体腔掏空,确保所有东西都被清理干净。

（5）用干净的水彻底清洗鱼的体腔。你捕鱼的溪水或河流可能是绝佳的地点。

（6）可以烹饪、食用带鱼鳞的鱼,但是没有鱼鳞会更美味。刮鱼鳞,要紧紧抓住鱼的尾巴,用刀片沿着鱼的身体从尾部向头部方向刮。用刀的背面或钝缘刮鱼鳞,以防不小心砍到鱼。

（7）在溪水中把鱼洗干净就可以开始烹饪了。

最佳烹饪方法是将整条鱼架在篝火上烤熟,你也可以将鱼骨头、鱼头和鱼尾剔除做一锅汤,或是将它们和鱼内脏留着作为下次捕鱼的鱼饵。

如何在没有锅的情况下烹饪食物

现代便携式饭盒或露营烹饪组合是紧急求生过程中的理想用具,除非你事先在背包里准备了野营餐具,否则你只好就地取材了。你的烹饪手艺可能比不上名厨戈登·拉姆齐(或许着装可以效仿),但是你凭着想象没准也能做出美味食物。

如何烧水

首先你要烧一些开水,用来消毒或是饮用。你有没有随身携带铁壶,如果没有,怎么在篝火上烧水呢?

你可以用玻璃瓶甚至是塑料瓶在篝火上烧水。听上去似乎难以置信,照着下面的方法做就可以了:

(1)在主火堆旁放一圈小石头,就好比是再搭建一个迷你型的篝火堆。石头圈要比你盛水容器的底座大。

(2)将玻璃瓶或塑料瓶装满水——让水接近瓶口。不要盖盖子。

(3)把绿色的树枝当钳子或把扁平的石头当铁铲使用,将主火堆的部分余烬转移到小火堆里。需要转移足够多的余烬,保持余烬持续燃烧,还可以添加一些小的干树枝。让所有的材料燃烧完,这样火焰就不会窜得过高。余烬和灼热的树枝是你需要的。

(4)把树枝垂直放在余烬上。水吸收瓶壁的热量可以避免玻璃破裂,塑料融化,最终水会煮沸。

(5)把两根树枝当钳子或把破布当耐高温手套使用,将瓶子从余烬中移开。喝瓶子里的水之前要等它冷却一下。

如何制作烧烤棒

可以使用烧烤棒在篝火上烤鱼或肉类。砍一根足够长的树枝,这样可以使你与篝火保持一段距离,不会被火烫到。手握住树枝的一端,而另一端悬挂食物,将其悬在火焰上方。要用嫩枝,因为干枯树枝很容易被烧穿,使你的晚餐掉入火海之中。

将木棒的一端削尖,这样便于你把肉或整条鱼(从嘴巴到尾部)串在木棒上。先把食物靠近火焰将外层烧焦,这样能锁住肉汁(也许拉姆齐大厨发现自己也存在竞争对手了)。然后,将肉或鱼架在较高的地方烘烤,避免食物烧焦。

如果你想图方便,还可以搭建一个放烧烤棒的简易支架,然后就可以忙其他事情去了。将一根小树枝顶端砍个"Y"型的叉口,将树枝插在篝火附近的地面上,然后把支架插进地里,这样你就可以把烧烤棒放在"Y"型支架上。把支架搭好后,将串着食物的烧烤棒放在篝火附近或上方烘烤。

如何搭建叉烤架

虽然搭架子吃烧烤的想法是从大球星及其太太团兴起来的,但是一个普通人也晓得,要想吃顿真正的美味,搭架子烧烤才是个好办法。事实上,你只用考虑烧烤棒如何进一步用支架支撑的问题,然后就可以烧烤较大的食物,如整只兔子。需在篝火两侧各放一个"Y"型支架,将食物放在烧烤棒的中央,而烧烤棒的两侧放在"Y"型的槽里。确保两根支架稳稳地插在地上,捆绑在一起的三根树枝足够结实能够支撑烧烤的食物。如果有需要的话,在两侧的"Y"型支架处再多捆绑一些树枝。每根树枝的末端应该倾斜地插在地上,这样可以跨越"Y"型的底部。

当你用烧烤架或叉烤架烹饪食物时,要密切关注食物避免烧焦。时不时地换面,以便烤得均匀。你肯定不希望肉的一面烤焦了而另一面还完全是生的。

如何在包裹里烘烤食物

套用一句俗语,你可能发现自己连煮蔬菜的锅都没有(或是找不到一口锅在烧烤前把一些特别硬的肉煮软)。其实,没有锅也没关系,你可以试着热烫和烘烤蔬菜。

在地上挖一个小洞并放置一些刚刚砍伐的大片绿叶。确保你使用的这些树叶没有毒性。把蔬菜放在铺满树叶的洞穴里并把沸水浇在蔬菜上。水分流走后,把蔬菜包在新鲜的绿叶里,制成树叶包裹,至少要有两层树叶。然后把包裹放在篝火旁的余烬里。烘烤蔬菜所需的时长取决于篝火的热度和蔬菜本身的类型。确保包裹被余烬覆盖,大概一小时后打开包裹查看蔬菜的烹饪状况。

如何搭建土灶

除了可以将食物用树叶包裹在篝火旁烘烤,还可以制作一个特殊的"烤箱"。这不会花费太长的时间,而且效果很好,可以烹饪蔬菜,也可以烹饪肉类或鱼类。

怎么做

(1)挖一个小坑,深度不要超过指尖到肘部的距离,其长度和宽度也大致相当。然后把坑的一侧顺着风的方向挖成斜坡。

(2)在坑底生火,将大量引火柴、火绒和较大的树枝堆放在坑内。

(3)在坑的顶部放置大的干树枝或小的干原木形成一个顶。不要遮盖斜坡,之后你还需要在斜坡底部点火。

(4)在顶部原木之间放置几行石头以保持平衡,石头不要超过一只手的大小。

(5)在石头的顶部另外加一窄层原木,这些原木垂直于第一层的原木摆放。现在你可以看到石头和原木逐渐形成的"金字塔"。

(6)继续搭建,至少要有三层石头。确保石头孔少,不易碎,否则石头在火里加热时会发生爆炸。也不要直接拿河床里的石头,它们可能浸满水,当石头里面的水膨胀成水蒸气时也可能发生爆炸。

(7)现在深入斜坡到达坑的底部点火。旺盛的火势会将上方的原木引燃。如果火势不够旺,要通过斜坡向坑底添加更多的燃料。

(8)当原木金字塔烧穿时,烧热的石头会掉进坑里的余烬中。这时你应该把准备好的肉、鱼和蔬菜包在大而新鲜的绿叶中。把这些包裹放在一边,等待金字塔完全倒塌。

(9)用树枝代替拨火棍把余烬耙到旁边,露出滚烫的石头。

（10）把食品包裹放在石头上。将肉类或其他要花费更长时间烹饪的食物放在坑的中间。

（11）坑的底部全铺上绿叶和其他植物以保存热量，然后堆放在你从坑里挖出来的土堆上。这样可以保温并驱除野生动物。在这样的土灶里做饭要花费数小时的时间——你可以利用这段足够长的时间检查最远处的圈套，确认下次捕鱼的目标，收集新鲜的木柴或大概探索一下周围的环境。不要因为饥饿而过早地把还未熟透的食物挖出来。

沙漠篇

　　如果没有时间逃离风暴,尽你所能保护自己;可以和其他同伴紧紧相拥;在外面的时候要手拉手一起走;可能的话,就到沙子不太可能进入的高地。然而,如果暴风雨伴随着雷声,当心闪电并待在地势较低的地方。

你是否看过电影《阿拉伯的劳伦斯》?你的体内是否也潜伏着一个劳伦斯,在内心蠢蠢欲动?沙漠存在的挑战只有经验丰富、见多识广且积极乐观的冒险家才敢勇于应对。对符合这些标准的人来说,花费时间待在沙漠这样独特的环境里,回报是巨大的——但是风险无处不在。

如何应对中暑

有些人一见到阳光就会躲到阴暗、有空调的房间里去,如果你也是其中之一,那你根本就不会去沙漠。然而,即使心理承受能力最强的人也难以承受在撒哈拉沙漠日晒一天的高温。中暑是在沙漠环境中的一种常在危险,所以要做好防范措施避免发作——但是也要知道如何应对中暑。

所需条件

(1)水或运动型饮料;
(2)扇子;
(3)一顶宽檐帽;
(4)宽松的衣服。

如何避免中暑

(1)中暑是由高温和在阳光下暴晒引起的。因此,在太阳光最强烈的时候到阴凉处好好享受一下。如果你能到有空调的环境里去,那就再好不过了。如果条件不允许,手持式扇子也是一个绝佳的选择。它可能不是最具男子汉气概的装备,但是可以选择一把不会让你看起来像艺伎的扇子,然后好好享受它带来的凉风。在清晨或傍晚进行户外运动更凉爽且更轻松。

(2)补充水分。含酒精和咖啡因的饮品不好,它们只会让你进一步脱水。水很好,富含盐分和矿物质的运动型饮料可补充人体所需的营养成分。即使你不觉得渴,也要定时喝水。等到气喘吁吁的时候,情况就非常不利了。也不要喝冰镇饮料,会引发胃部的中暑性痉挛。

(3)当然,穿宽松的衣服比紧身服凉爽。布料要轻薄、透气,浅色最佳,因为深色布料会吸收太阳的光线使体温升高。戴的帽子能同时保护到面部和颈部后侧。

如何救治伤员

如果还是有人中暑,你要快速诊断并进行救治,这至关重要。如果你孤身一人,唯有自救,而且你必须在完全中暑晕厥之前意识到发生了什么。出现下面前三个症状时就要引起重视。除此之外,你还要学会求助别人。

症状

(1)病人感觉异常燥热。
(2)体温明显快速升高。
(3)病人觉得昏昏欲睡。
(4)病人逐渐失去知觉。
(5)病人开始痉挛。

怎么做

(1)寻找医疗救助。
(2)把病人移到阴凉处。让他们保持冷静,有助于你进行救助工作并确保他们的体温不会继续升高。
(3)现在顾不上害羞了,把病人的衣服全部脱掉。

（4）向病人喷洒冷水并给他们扇扇子以降低体温。你也可以在患者颈部系一块湿布。这样做的目的是逐渐降低患者体温——而不是骤降，不然的话，病人会休克。

（5）试着让他们每隔几分钟就啜几小口水。

（6）如果可以找到冰，把它敷在腋窝和腹股沟周围。

（7）如果病人开始痉挛，你必须寻求紧急救助并遵循基本的规则。松开围绕着病人脖子的衣物。支撑着头部，采取侧卧位，避免窒息。将头部轻轻向后仰（用柔软的枕头支撑着）保持呼吸道呈打开状态。不要试图让痉挛停下——你不会成功的。但是要确保周围没有任何东西可以伤害到他们。不要尝试在病人口中或周围放任何东西，不管是水还是药。保证病人身边的空间足够大，并记录发作持续时间以及其他有助于治疗的明显症状，医护人员抵达时，这些数据都会对他们有帮助。如果病人恢复意识，安慰他们，使他们能够安心等待医疗救助。

如何在沙漠里寻找水源

在沙漠里最大的挑战是缺水，这是常识，不是尖端科学，你带着有限的水进入沙漠是走不远的，否则冒的风险就太大了，因为那样的话，你活着走出来的可能性就微乎其微，如果水没带够，可采取以下步骤。

（1）如果你没能带足水，那你有没有记着携带一张当地地图？但愿你没忘掉。现在是时候仔细研究一下地图，看能不能在周边地区找到指示有地下水的标志。

（2）如果，正像我所担心的，你认为地图是个累赘，没有带上，环顾一下周边环境，有没有生命体，不论动物还是植物？如果有，附近一定有水源。

（3）如果没生命体，接下来你要循迹一个干涸的河床。附近的土地有没有受潮的迹象？如果有，很可能地表下就有水。开始挖掘。然而，如果挖了一会儿后明显没有看到水，就果断放弃，因为希望渺茫。如果耗尽自身体力挖掘，最终却找不到水资源解渴，那么是毫无意义的。

（4）如果你可以坚持到黎明，注意清晨的露水，更好的是下一场沙漠暴雨。若是遇到后者，准备一些容器装一些雨水。如果附近有植物，仔细查看以获取露水。或许你找到的水还不够一杯早茶，至少可以避免立即脱水。

（5）仙人掌的果肉可以为你提供必要的水分。切开仙人掌把里面的汁液吸取出来。另外，切开仙人掌的茎，事实证明，有些时候茎部储存了水。

（6）零碎的岩石可能表明有地下水。同样，阴暗地带的岩石可能保留了些许未蒸发的雨水。

（7）在水源附近检查动物的尸体。死去的动物表明水源可能有问题。采到水后先把水承载到容器里，泥沙或污垢会沉到底部。假如你手边有净水药片就更好了。

（8）一些专家建议在万不得已的情况下饮用自己的尿液，可以延长一两天的生存时间。这个策略的内在劣势是，在你急需水的时候，你可能排不出尿。除此之外，不止《美国野战军手册》一本指南，很多书都建议人们不要喝尿，因为尿液所含的盐分只会加速脱水。

如何在沙尘暴中生存

当疾风卷入沙漠的沙子时，沙尘暴发生的速度快且威力大，无论摆在前面的是什么，都会被沙尘暴释放出的令人窒息的旋流摧毁。以下是一些生存技巧：

（1）收听当地的天气预报。沙尘暴可以合理精确地被预测。如果你在路途上遇到沙尘暴，英勇的做法不是面对而是逃离公路。然而，沙尘暴运行速度每小时高达75英里，不要加速远离它给自己增加额外的风险。

（2）如果没有时间逃离风暴，尽你所能保护自己。和其他同伴紧紧相拥。在外面的时候要手拉手一起走。可能的话，就到沙子不太可能进入的高地。然而，如果暴风雨伴随着雷声，当心闪电并待在地势较低的地方。

（3）如果你在车里，把车停在路边，踩刹车并关掉所有灯。暴风雨引起的混乱中，尾灯有时误导其他车辆停靠在路边并撞到照明车辆的尾部。摇上车窗关上通风口。

（4）如果你在户外，尽量把腿脚盖起来，因为下肢最容易被沙子覆盖。

（5）用湿布把鼻子和眼睛遮起来,如果有可能,在鼻孔里涂抹一些凡士林。可以的话,也保护一下眼睛。

（6）找到一个大型物体,如岩石,作为避难所。但是,要避开沙丘的背风面,否则你会被埋在沙子里,这就太滑稽了。

北 极 篇

　　不要直接吮吸一块冰或吃大把的雪——当你的口腔和胃努力融化雪时，只会让自己进一步脱水。你应该事先把雪或冰融化，将水盛放在适当的容器里备用。不要等到干渴危机出现时才想到收集水，因为收集雪或冰很累人，会耗尽你宝贵的精力。

如果你不惧严寒,你可能会喜欢北极的极简主义景观。然而,不要傻傻地以为在北极事情很简单。事实并非如此,无论是进行基本的保暖和补水(不像你想得那么简单,要考虑北极特殊的环境),还是意外事故后的自我保护,都不简单。

如何搭建雪洞

如果情况突然恶化,而你离基地还有一段距离,你可以建一个雪洞,一种可以保暖的独特结构,尽管是用冰制成的。值得注意的是,这个建筑要花费好几个小时的时间,所以要有足够的时间和日光。

(1)你一定希望自己的冰宫建在一个漂亮而宽敞的地点,有许多适于建冰宫的雪。地面应水平且在安全地带。

(2)堆起一大堆雪,尽可能把雪压实。在这一阶段,有了铁铲,工作更轻松。把雪堆搁置一段时间,直到它在寒冷空气里变得更结实,降低挖掘过程中雪堆倒塌的风险。

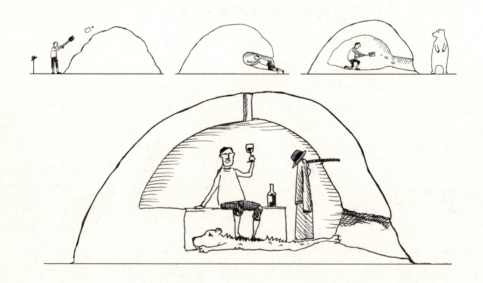

（3）开始挖掘隧道，创造一个空间，一英尺深且微微向上倾斜。这么大的空间足够你通过。

（4）现在开始重要的挖掘工作，在雪堆里挖掘出一个半球形的房间，对你和任何与你共度一夜的朋友来说足够大。雪洞要能容纳你身体在里面躺下和坐起。如果屋顶滴水，把它抹平。

（5）在屋顶钻一个通气孔，确保它一直延伸到上方的空气中。你头上方屋顶的雪层至少有2英寸（60厘米）厚。不要遗漏钻孔阶段，否则你就等着在雪洞中度过人生最后一夜吧。

（6）在雪洞里充分发挥你的建筑天分。座椅，睡觉的壁龛，任何你可以想到的东西都能用雪制作。你休息的地方距离地面越高，就越暖和。把地面盖住以保温。

（7）将同伴们都招呼到雪洞里住下，将入口关好。你的背包可以御寒。

（8）准备好迎接一个舒适的夜晚吧。

如何在冰天雪地里取水

在北极，即使再不善观察，也能发现北极主要是雪和冰。就算没有系统学过科学，适当关注也知道雪和冰是由水组成的。所以你没有理由口渴。虽然如此，有一些因素要牢记在心。

不要直接吮吸一块冰或吃大把的雪——当你的口腔和胃努力融化雪时，只会让自己进一步脱水。你应该事先把雪或冰融化，将水盛放在适当的容器里备用。不要等到干渴危机出现时才想到集水，因为收集雪或冰很累人，会耗尽你宝贵的精力。

当然，雪花从天空飘落下来，所以像雨水一样干净。这也意味着雪里面可能包含各种一路带来的可疑化学物质，但是你不需要担心微生物（且不说从地上捡起的积雪。当人们说"绝对不要吃黄色的雪"时，他们确实是有道理的！）

另一方面，冰可能由淡水或海水构成。根据一般的经验，泛蓝的冰是洁净的，发灰的冰是含盐的。冰盐中的盐分可以脱除，但是这样做增加了额外的复杂性，可能的话还是尽量避免。"纯净的"冰通常优于雪，因为融化成等量的水需要更多量的雪，并且雪是热量的不良导体，也就是说雪需要更多的能量才能融化。

最好在平底锅或者火炉里进行融化。平底锅里最好装一点水，有助于传热。小块儿冰比大块儿冰融化速度快，把较大的冰块打碎（敲打过程中要格外小心，不要被飞溅的碎片击伤）。

根据一般的经验，寒冬里融化冰块所需的燃料是夏日里烧开等量水所需的两倍。然后，还需要一半的能量才能把融化的水煮开。将水煮沸的做法很明智，有助于水的净化，但是仍需过滤，如果有可能的话使用化学净化剂。

如果在没有火炉的情况下化雪，这里有几种方法可供选择。无论在哪种情况下，你都必须准备合适的容器盛装融化的水。将积雪压块在木棒的一端，把木棒插到接近热源，比如火里，耐心等待雪球融化。或者，不做"雪棒"的话，把袋子里装满冰雪然后把袋子放到底座里慢慢融化。这种方法附加的优势是袋子的布料可以过滤较大的污染物。在没有火的情况下，任何吸收太阳热能的深色物质都可以充当热源。

万不得已，你可以利用自身的体热来化雪，只要你身体健康，有充足的热量，不会冒消耗过多能量的风险。尽管这是一种不太舒服的体验并且耗时较长。

如何从冰河中脱险

你们应该知道北极的冰有多厚、多结实。几年前，在薄荷糖的广告里看到北极的冰块可以轻易支撑一只大北极熊的重量。所以你肯定不会有问题，即使你明显地增了肥，身穿不知道多少层衣服。之后，突然……啊……你从冰块上掉下去，在冰冷的水里摇摇欲坠。你应该怎么办？

（1）从冰层上掉下去产生的惊吓会让身体自然地做出反应。你很可能把衣服里灌的水赶出来并且开始蜷缩身体。然而，你必须保证能控制自己的呼吸，将肺部吸满空气并确保手脚灵活。

（2）你刚刚从冰层上掉下去，说明北极的冰层不像你预期的那样坚固。如果把身体的重量全压在一两片冰层上（可能就像你试图不用手或肘把自己从冰水里拉上来一样），你只会打破更多的冰。这会消耗你的能量并使冰洞变得更大。相反，你应该将双臂伸张，平放在冰面上，这样可以均匀分配自身的重量。平躺试着从冰水里漂浮起来。

（3）如果你成功了，不要奋力跃起，高兴地在空中挥舞拳头或是跳吉格舞以示庆祝。而是要在冰面上保持平稳，并慢慢地挪到安全地带，始终将自身的重量分散在尽可能大的一块冰面上。

（4）如果上述方法不奏效，你不得不等待救助。大声呼喊，但是要保持冷静。15至20分钟内，你不会有问题的，所以不要手忙脚乱陷入恐慌。当救护人员抵达时，提醒他们在接近你的过程中将自身重力分散开。救护人员掉进水里就更糟糕了。

（5）一旦被解救出来，毫无疑问，先呼吸呼吸新鲜空气，尽快换上干衣服，让体温回升到正常温度。你很可能严重脱水，就像是在炎热天气里从灾难中脱险一样，所以也要补充水分。

天空篇

我们都爱飞行员在天空中的英姿飒爽,但是,当你所搭乘飞机的驾驶员突然倒下你应该怎么办?想要找出晕倒原因?心脏病发作?对前一晚吃的咖喱感到不适?突然眩晕?考虑这些有什么用,你真正需要知道的是如何正常着陆!

飞行是人类对这项看似不可能掌握的技术的愉悦体验——乘坐大铁鸟在空气中飞行。然而,当飞行过程中出现差错时,就真的有麻烦了。不过,天无绝人之处,接下来我们会告诉你如何在最糟糕的情况下脱险。

当飞行员丧失行为能力时如何迫降小型飞机

我们都爱飞行员在天空中的英姿飒爽。但是,当你所搭乘飞机的驾驶员突然倒下你应该怎么办?想要找出晕倒原因?心脏病发作?对前一晚吃的咖喱感到不适?突然眩晕?考虑这些有什么用,你真正需要知道的是如何正常着陆!

如何逃生

(1)保持冷静是重中之重。此时难免恐慌,但是恐慌定会导致灾难的发生。要理性思考。如今许多飞机都有自动驾驶系统,一旦设置并使用,该系统将驾驶飞机按照预先制定的路线飞行。即使没有自动驾驶系统,飞行员事先对飞机进行了配平调整,所以飞行员不用手操纵也可以驾驶飞机。也就是说,飞机会沿着选定的路线匀速行驶。可以从双保险的飞行方法中看出,飞行员向当地的飞行交管部门登记备案了全面的飞行计划,飞行交管部门就可以跟踪了解相关情况。

(2)现在,确保飞行员的双脚安全离开方向舵踏板,和电动车踏板的位置大体一致。保证飞行员的双手和身体没有妨碍驾驶杆(也被称为"轭"或"操纵杆")。如果幸运的话,飞机上有双重控制,你可以很轻松地坐到副驾驶的座位上。如果只有一个座位,将飞行员移开,坐在他的位置上。

(3)一旦坐到飞行员的位置上,要保持镇定,不要开始疯狂地抓紧控制杆。你不会喜欢飞行员这样操作,所以自己也不要这样做。测量你前方的仪表板并设法找到水平指示器(也称"人造水平仪"或"陀螺地平仪")。它可能在顶行的中部。指示器会显示飞机相对地面的位置。你能查看机翼的水平度以及飞机是在爬升、下降还是处在恒定高度。该刻度盘显示的是一个十字交叉球面,上半部分的蓝色区域代表天空,下方的棕色区域代表大地。你看到的两条直线是机翼,直线间的白点是机头。

(4)如果机翼和机头没有和刻度盘上的红色地平线对齐,自动驾驶仪可能关闭了。在这种情况下,你需要让飞机保持水平。控制杆是极其灵敏的装置,你要小心地操作。控制杆向后拉机头上升;控制杆向前推机头下降。控制杆左推飞机向左行驶,右推则向右行驶。适当调整控制杆一直到水平指示器上显示的机翼与水平面平行。你根本不需要使用方向舵踏板。

(5)现在,你需要找到收音机,可能在仪表板的中心。如果麦克风的标识不明显,戴上飞行员的耳机,找到并按下PPT(按键讲话)装置的按钮并用镇定平和的语气重复"求救信号(Mayday)"一词三次。然后说"飞行员失去意识"并松开PPT按钮,任何人收到消息后都会回应你。

(6)收音机下方是应答机,可以使航空交通控制中心通过雷达追踪你的位置。同时输入或者将刻度盘设置成"7700",总体应急代码会引起应急中心的警惕。(注意,你现在对大量缩略词的熟悉度与日俱增,这是成为一名真正飞行员不可缺少的一部分)。

(7)一旦控制中心的工作人员着手调查,你要驾驶飞机飞行(要逐字逐句地按照工作人员的指导操作)。飞行的秘诀是掌握四点要素:高度、速度、航线和姿势(飞机相对于地面的角度)。听从指挥员一步一步的说明,准确遵循并且必要时要求重复或解释。指挥员会一直向你讲解,以便你将飞机降到一个可以安全着陆的高度。他会告诉你如何控制发动机功率,如何降低飞机起落架(尽管许多轻型飞机安装了固定的起落架)和如何进入新轨道。他还会指导你使用各种相关仪器,包括测高仪(测量飞机距离地面的高度)和航速表。

(8)让你飞回飞机场可能不太现实,所以你可能要降落在田野里或是公路上。小心各种障碍物,如树、电线、建筑物或桥梁。让指挥员知道可能出现的问题。

(9)沿直线接近降落地点。当你将要落地时,控制杆向后拉,这样机头上升,让机翼下方的主轮着陆。在你减速过程中,前轮也会降落。

(10)在主轮触底的时候,将节流阀向后拉(节流阀是一只大黑杆,位于驾驶和副驾驶的座位之间,或是一个大的旋钮——通常是黑色的——在仪表面板底部的中央)。一些轻型飞机的方向舵踏板上还有脚踏闸;轻轻按压使飞机平稳着陆而不打滑。

(11)可能有一把钥匙,就像汽车的点火钥匙,位于仪表板上。一旦飞机完全停下,转动钥匙,关闭引擎。给予生病飞行员你力所能及的帮助。在螺旋桨停止转动前不要试图下飞机。

如何在降落伞无法打开的情况下逃生

从位于数千英尺高空的飞机上跳落时,拉动绳索打开降落伞,这时发现降落伞无法打开,这种情况可能就是陷入"困境"的真实写照。

你进行思考的时间非常宝贵,必须依靠自身的生存本能应对。无论结果如何,肯定会受伤。问题是,你能活到第二天吗?嗯,如果你能有朋友帮助的话或许可以。

怎么做

(1)一旦你发现了问题,及时向打开降落伞的同事说明情况。你应该挥动双臂并指向自己的降落伞。

(2)跳伞的同伴会尽力朝你移动。当你们面对面的时候,你必须紧紧挽着双臂。圣诞节时不要忘了给救你性命的同伴寄张贺卡。

(3)现在你必须将手臂和肘部弯成钩状,然后勾住同伴的胸带,或者钩住他降落伞吊带前方的两侧。然后抓住自己的带子。

(4)到目前为止,你和你的同伴以自由沉降速度在天空中疾驰(大约每小时130英里),这时,你们的身体将遭受各种力的冲击。

(5)当你同伴的降落伞打开时,你会感受到巨大的冲击,手臂可能会折断或脱臼。我得提醒这会很痛。

(6)你的同伴必须在用一只手抓住你的同时用另一只手控制伞盖。如果他的降落伞很大,那么降落的速度有可能变得足够慢,你侥幸只会有一只腿骨折。如果伞盖较小,下降速度减慢的难度会大大增加。如果附近有水域,他应该向水域飞行,你也要做好踩水的准备。在你和降落伞落水之前,你需要依靠同伴的帮助抵达安全地带,同伴间的信任在此时尤为珍贵。

当然,最好的办法就是确保自己的降落伞可以正常工作并在登机之前打包好。

水中篇

水边不是嬉戏打闹的地方。即使在最平静的日子里,也有可能发生意外。迄今为止,大多数溺水身亡的人都衣着整齐——只有20%的溺水者在丧失性命时身着泳装。

水边不是嬉戏打闹的地方。即使在最平静的日子里,也有可能发生意外。迄今为止,大多数溺水身亡的人都衣着整齐——只有20%的溺水者在丧失性命时身着泳装。在嬉戏或钓鱼时从船上落入水中,或是从码头边、岩石上滑落到水中的人们很可能穿着衣服和鞋子,即使是能力最强的游泳者,求生也非常困难。如果你发现自己落水了,保持冷静,在你积蓄力气时运用"防溺水"技巧。

如何解救溺水者

(1)把你的头露出水面,深呼吸。

(2)闭上嘴巴,屏住呼吸把脸扎到水里。

(3)在你前方水面伸展双臂。

(4)现在你的腿开始漂向身后的水面。但是它们不会一直漂在水面。

(5)在这个位置放轻松。肺里面的空气有助于你漂浮在水面上。保持这种随意漂浮的状态。

(6)当你准备好进行下一次呼吸,大概10秒钟后,慢慢举起你的双臂。此时,你的双腿会微微分开向下沉。

(7)把你的头抬高,使嘴巴露出水面,呼吸,再一次深呼吸并恢复漂浮状态。

你不能无限期地重复这个过程,但这样做确实可以让你得到休息。如果你们都被困在水里,你需要休息一下才能继续营救。

然而,最好开始的时候就避免这种情况。只有当你排除其他方法时,跳进水里去救另一个遇难的游泳者。在冒险电影里,主人公会扯掉他的衬衫,脱下鞋子跳入水中。但是这不是《海滩救护队》。运用你的头脑,迈出营救遇险游泳者的第一步。在入水前,做好以下步骤:

(1)先观察。这个溺水者是真的遇到麻烦还是和朋友闹着玩?

(2) 快速思考。在水中遇险的成年人如果惊慌失措,一分钟之内就可能淹死。对于儿童来说,溺毙的时间则更短。

(3) 评估风险。你需要判断所面临的水的性质。是湍急的河流吗?海滩上有回头浪吗?溺水者被困在汹涌的水流中吗?

(4) 大声呼救。如果你需要下水,其他人可以向应急服务求助。

(5) 寻找接近溺水者的方法。遵守黄金法则:接近他,抛向他,划向他,游向他。

图29

(6) 接近溺水者。把树枝或其他杆子,如钓鱼竿,伸向游泳者,大声呼喊让他抓住杆子。你也可以用衣服代替杆子。抓住衬衣或夹克的一只袖子,把另一只扔向远处水域。如果你可以用手够到溺水者,必须避免被拉到水中。平躺在地面上,双腿张开可以很好地保持平衡。仅仅伸出一只手臂,另一只放在陆地上。确保你的肩膀不会滑到水里。

(7) 扔向溺水者。附近有救生圈吗?没有的话,将任何可以漂浮的物体扔向溺水者——一个沙滩排球、充气垫或冲浪板。紧紧抓住漂浮物,溺水者可以让头保持在水面以上,好好喘口气,开始平静下来。扔给他一根绳子,如果你可以迅速找到一根的话,然后把他拖到陆地上来。

(8) 划向溺水者。紧急情况下,各类船只都变成了救生艇,例如,脚踏船、皮艇、小划艇和平底船等。在接近溺水者的过程中要格外小心，尤其是在汹涌的大海或是强劲的水流中。如果突然一阵波浪袭来让小船摇摇晃晃并撞击到溺水者的头部，他可能被撞晕，使情况变得更加糟糕，后果不堪设想。你应该鼓励溺水者游向你，然后扔给他一条救生索，而不是你划船靠近他。如果你划的是一艘小船，应该让溺水者紧紧抓住某物，然后把他拖上岸，这样做更安全，而不是冒着翻船的危险努力把他拉上船。

（9）游向溺水者——但前提是涉水不是一个好办法。你应该在水中保持平稳，直到水深及腹股沟处。如果你能涉水向溺水者不断靠近，可以用救生索或树枝够着他。你应该携带一根和你肩膀等高的树枝，给予自我支持并探测前方道路，确保每走一步不会陷下去。当你离溺水者足够近的时候，把树枝或衣服伸向他，以便你可以拖拽他。不要让他抓住你，他可能把你拖下水。拖溺水者的时候保持一定的距离，一旦你到了水边，就可以把他从水里拉出来，哪怕这时你还没从水里爬出来。

如果你必须游泳，不要径直游到溺水者面前。待在他触及不到的地方，扔给他一条救生索，这样你可以把他拖到安全地带。因担心自身生命安危而惊慌失措的溺水者会抓住你，如果你靠得太近，他可能试着爬到你头顶进而脱离水面。如果这种情况发生，你必须挣脱他紧握的双手，游到他触及不到的区域。让他冷静下来并告诉他不要在水里翻腾，头部微微向后仰，张开双臂，这样能够浮在水面上。如果他保持这样的姿势，你可以从背后接近他，他很难从背后抓住你。一直对他讲话，向他解释你要做什么并告诉他你很快让他平安到达陆地。你的声音听起来越自信，溺水者就会越安心，越可能保持冷静。

有许多不同技巧可以帮助遇难者脱离危险，但是受本书篇幅的限制不可能一一详细介绍。最好参加专业的救生培训课程，例如：经英国皇家救生协会官方认证的课程（http：//www.lifesavers.org.uk/courses.

html),学习并熟练掌握这些技巧。

如果你认为自己会在水中待一段时间,你可以脱掉一些衣服,这样游泳会变得容易一些,尤其当你拖溺水者的时候。尽管水很凉,湿衣服可以帮你保存一部分体温。防水材料,例如,一件厚夹克,也可以用于做一个临时的浮舟。将袖子打结,举过头顶做投篮姿势,将充足的空气密封在夹克里,衣服会膨胀起来。过了一会儿,夹克里面的空气会跑掉,但是你有足够的时间喘气并恢复一些力气。

如何应对倾覆的帆船

如果你在一艘帆船上巡航,偷偷假扮《里约》录影带里面年轻的西蒙·勒·邦。突然情况变糟,你感觉船要翻了。和以往一样,你必须做的第一件事是保持冷静。希望你在旅行之前就做好了准备。这到了应急物资派上用场的时候。而且,将你的旅行线路留一份给你信任的朋友,当你还没有回来时他会有所察觉。你要一直穿着救生衣,这可以挽救你的生命。西蒙·勒·邦不在《里约》的录影带里,但是救生衣却可以救你一命。如果你的船翻了把你扔到水里,你该怎么做?

(1) 如果你的身旁有其他人,看看是否还有人在水里挣扎。尽你所能帮助他们,但是任何情况下都不要抓住他们。这很可能会引发恐慌并且发生悲剧。

（2）一旦桅杆掉到水里，解开所有控制船帆的绳索。也就是说，如果帆船自己恢复了平稳，它不会在没有你掌控的情况下驶得很远。

（3）试着去到船的底部，找到中插板的位置然后站在上面。如果运气好的话，船将恢复平稳。让帆船迎着风，爬回船里，振奋精神驶向安全地带。

（4）如果上述方法不奏效，你不得不启动B方案。总的来说，帆船的浮力比你大。待在船的旁边并努力爬到翻过来的船体上。这样一来，应急服务人员更容易发现你，并且爬到船体上比你待在水里暖和。

（5）如果你携带了移动电话，看看它是否还在，经水浸泡后是否还能使用。如果还可以使用，记得打电话求助。

（6）假如你有淡水，定时饮用一点。脱水是翻船事故对生命的主要威胁。也要给自己遮阳，哪怕是戴一顶帽子或是头顶一件简易的T恤。不要喝海水，那样只会让你脱水。

（7）如果你发现飞机或其他船只接近的时候，你要引起他们的注意。手边有照明弹吗？如果没有，你能找到一面小镜子或其他类似物品反射太阳光吗?

(8) 如果你是一位游泳健将且靠近陆地,你可能会试图游上岸。但是要当心,路标在大片的水域中看起来比实际距离近许多。如果无法到达陆地就不要滑动船桨。最好待在船附近相对安全的区域等待救援。

如何制作木筏

在一次冒险中你决定在河上航行而不是徒步旅行。或许你需要搬运货物或运送受伤同伴。又或许只想变换一下环境。你可以花费几天到几周的时间为自己制作一个完美的独木舟,也可以节省时间,花费几小时自制一个木筏。当你高效地利用自然时,如果做法正确,自制木筏将会是一项相当简单而有效的工程,一定会给你带来满足感。

需要什么材料

(1) 一把剪刀;
(2) 一些绳子;
(3) 原木;
(4) 可能还需要一把锯子。

怎么做

(1) 首先,需要基本的材料——原木。如果幸运的话,你可以找到一部分被砍伐的原木,所有原木形状大小刚好合适。但更为可能的是,你需要自己砍伐(要确保这样做是合法的)。寻找一

些中等大小的小树。出发前你很可能没有带齐所需工具,但是希望你的工具箱里装备了一把轻型钢丝锯。如果没有,就只能在陆地上继续自己的旅程了。

(2) 决定你所需木筏的大小。一个长六英尺宽六英尺的木筏足够一个人使用。木筏的四个船舷和甲板的制作需要足够多的原木。

(3) 靠近水边造筏。这样的话木筏造好后一推就能下水了,否则你还得费劲把木筏拖到水里。

(4) 选取木筏上的四根原木,沿着它们的长度锯一块几英寸深的区域。

(5) 把两根有凹口的原木平行放置,间距小于一根原有原木的长度。把其他有凹口的原木放在另一侧。

(6) 再用两根没有凹口的原木形成一个交叉的直角。用绳子把拐角绑起来,先打一个双套结,最后再打一个反手结。

(7) 现在准备好铺甲板,在打半扣结前把每一根新原木绑到木筏上。选取的原木在大小方面要保持一致,并且要保证较大的原木平均分布。

(8) 所有甲板放在适当的位置后,把最后两根有凹口的原木放在甲板末端的原木上。像以前一样把拐角处捆绑好再捆绑木筏中部。

(9) 找一根长树枝用来掌舵木筏。

(10) 现在你的身份是船长,尽情体验你的新角色吧!

如何渡过水流汹涌的河流

任何正常的人都不会选择涉水渡过水流湍急的河流,但是在紧急情况下你别无选择。只有在危及生命的紧急情况下才值得你这么做。如果你发现远处有伤员需要紧急救助,涉水渡河是理所当然的——但是要格外小心。万一你也受伤的话,对任何人来说都没有好处。另一方面,如果你跳到水里只是为了找回踢失的足球,想想那块充了气的皮革是否值得你冒生命危险。

如果你觉得除了尝试过河外别无选择,请牢记,无论你认为自己的双脚多么稳健,几乎漫过膝盖的湍急水流(或是水域中水流湍急的地方)水力大到足以把你推倒。之后你会发现自己被河水冲到了下游,迷失了方向,你可能呛了一肚子水或头部受到撞击。所以在入水之前要采取一些措施来确保自身安全。

(1) 评估风险并仔细观察你要渡过的水域。这不需要花费太长的时间。越接近中间区域的河水是否看起来越深?如果河水清澈,向水里扔几块石头,观察它们的不同落点有助于判断水深。试图蹚过水位高达腰部的流水要冒很大的风险。在漫过腰部的水里,几乎可以肯定你需要游泳。你还要检测水温。即使在炎炎夏日,从高山上流下来的水也冰冷刺骨——有可能冷得让你难以置信并且使肌肉痉挛:你要做好心理准备。

(2) 可以在水里看到树叶、嫩枝、叉枝或其他碎片吗?这些物体在某些地点的移动速度比在其他地点快吗?水里是否有许多碎片会在你过河时伤到你而引发危险?如果什么也没有,试着向水里扔一些东西,例如,嫩枝,落在水里的不同地方。这可是能挽救你生命的小熊维尼棒游戏。

(3) 河流最狭窄的水域未必是尝试渡河的最佳地点,较宽的部位或许深度较浅,水流速度缓慢。花费点时间调查上下游地区,找到一个最佳渡河点。水流中是否有一个很吸引人的岩石,可以作为中途休息的地方?应该考虑自己能否从水流中脱身,登上岩石,或者,事实上,岛屿把一条又宽又浅的河流隔成两条流速快且深的分支。水流被分隔开,岩石的下游可能会有许多湍流。

(4) 河湾也不是最佳渡河点。河湾外部的水流很可能比内部更湍急。你是否能看到"踏脚石",似乎能帮助你渡河?岩石平坦、干燥便于踩踏,但不要试图从一块卵石跳到另一块卵石上,同时还不打湿脚。在潮湿的岩石上你很容易失足滑倒,最终掉到水里,可能导致踝关节扭伤或肢体骨折,甚至失去意识。

(5) 确定渡河地点后,寻找到或亲自动手砍一根结实的木棒,像手杖一样又粗又直,并且它的长度足以触及你的肩膀。

(6) 在你入水之前,把靴子、袜子和裤子脱掉,然后再穿上靴子。不要担心,你不是在进行时装展览。靴子有较强的抓地力并且可以保护双脚,避免被锋利的岩石、树根或河床上其他不易察觉的物体弄伤。防止袜子和裤子被水打湿,可以将它们装在塑料袋里,在没有塑料袋的情况下,把袜子装进裤子口袋并把裤子系在脖子上。渡河后,穿上干燥的袜子和裤子会使你感觉非常温暖舒适。

(7)如果你无法找到一个通向河水的平缓坡度,入水和出水时就会很困难。如果你必须从低洼的河堤处入水,先用木棒探测一下河床,确保你不会陷入泥中并确定水中障碍物的位置。

(8)不要仓促行事。当你感觉安全时再快速向前游动。用木棒探测前方路况,然后朝你认为安全的地方前行。在前进过程中,把木棒稳稳地插在身体下方一侧的河床上并使木棒保持一定的倾斜角度,当你受到漂浮物或强大水流冲击时木棒可以支撑你。

(9)你向前迈出一两步后,再次用木棒探测,寻找潜在危险,例如,意外的深水区和更强大的水流。再次向前迈进时,握住木棒,时刻准备为自己提供支持。

(10)当你到达彼岸时,如需上岸,将木棒放置在下游区域作为支撑。

如何从流沙中逃生

在这样异常的自然环境里,固体泥土和液体胶的流动方式类似。就像许多恐怖电影,陷入困境可能还不是结束。

哪些地方会出现流沙

流沙形成区域,水把泥沙浸透,润滑沙粒,使沙粒之间的摩擦力小到无法将它们黏合在一起。流沙有可能在以下地方出现:

(1)海边;

(2)河堤上;

(3)湖边;

(4)沼泽里;

（5）土壤类型不断变化或有地下水流的区域。

（6）地震中的任一湿地。因为地震引起土壤震动，降低土壤微粒之间的附着力，并且在湿地里，水会大量涌入到微粒之间。因此，一旦发生地震，平常很坚实的土地可能会瞬间变为流沙。

在流沙上行走会发生什么

流沙看上去像是沼泽地或是一片湿沙。有时候，流沙看起来却很正常，你无法通过外表进行判断，这是因为水在流沙表层下方循环。风干沙子的薄外壳可以附着在流沙表层，树叶和细枝落在流沙顶部而不会下沉。你可能无法观察到该液体土壤的流动情况，会以为自己在非常坚实的地面上前行。

然而，你很快就能知道自己是在流沙上行走，因为身体会不断向下沉。这与跳进泳池径直到达底部的情况不同。沙子具有一些液体的性质，但是它是一种黏性液体，与糖浆非常类似。这是流沙真正的危险之所在。

当你跳进一个普通的游泳池，无论是不是会掉进池底，只要停止下沉，就会逐渐浮出水面。这是因为水的密度大于人体密度——所以我们浮在水里。当然，糖浆的密度也大于水的密度，所以你也可以浮在糖浆里。从技术上来说，你可以浮在流沙的表层。在你前行过程中，你全身的重量全部压在单只脚所占的小块面积上，由此产生的压力迫使该只脚以你期望穿过水的方式穿过流沙。在没有坚实土地支撑的情况下，你会遇到新的挑战——淹没到脚上的湿沙。快速向上一跃，可以让自己的脚从下方紧压的沙子中解放出来。我们都知道，空洞是需要立刻被填满的，吸附进附近的任何东西。更多的流沙会被填进你脚下的空洞，同样，沙子的空洞也会用力将你的脚吸进去。

如何自救

当你感觉自己陷入本以为是土地的流沙里时,第一反应很可能是惊讶、恐慌。往往会因为恐慌而拼命挣扎,事实证明,这些举动会使事情变得更糟。所以,发现自己陷入流沙时,解救自己最有效的方法如下所述:

(1)保持冷静,不要突然移动或做出一些奇怪的举动。如果你跌倒了,会陷入困境。

(2)分开两腿,如果必要的话,张开双臂可以把你的体重分散在一个较大的空间里。

(3)倾斜一定的角度,最好向最近的硬地倾斜。这提供了一个更大的表面积且有助于减缓你下沉的速度。

(4)双手交叉,小步、慢速前行可以在流沙中保持平稳。你的背部可以漂浮在流沙表层。

(5)双臂在流沙表层轻柔地做划船时的动作,缓缓划向陆地。

(6)如果你身边恰巧有一根为步行准备的长木棒,把它放在身体下方有助于你浮起来。

道 路 篇

你沿着公路开着车,无忧无虑地听着上个父亲节收到的CD,放着70年代的人不能接受的前卫摇滚,突然感觉车子似乎有了自己的生命力。过一会儿意外出现了,你发现一个轮胎漏气了。如果你想控制住汽车且保证车上的乘客安然无恙,你必须保持冷静并努力恢复控制权。

提起现代驾驶体验，大家脑海里立马会想到汽车长龙、减速带和路怒一族，这里与驾车的光荣传统背道而驰，令人遗憾。在过去，拥有一辆汽车可以使人们从日常生活的压力中逃离出来，并且有机会远离世俗的纷扰，欣赏壮丽的景象或是放松身心。要记住，汽车本应是受司机控制的役畜。然而，现今很多情况下，我们似乎成了交通工具的奴隶。这是不合理的，人不应该成为交通工具的奴隶。道路上偶尔会发生一些状况，你可能会对此反应强烈，这时你要掌握主动权。好在这里有一些实用的方案和策略可以应对这些突发状况。

如何从掉入水里的汽车里逃生

没有什么事情比驾驶的汽车失去控制，驶入水里更可怕的了。遇到这种情况，你千万不要惊慌失措，要采取正确救援手段以求得一线生存之机。首先，采用防撞击的姿势以缓解撞击水面产生的冲击。交叉双臂，将双手反方向分别放在头部两侧。用放在外侧的手抓住安全带。如果汽车漂浮在水面上，试着在漏水之前逃生。如果你已经沉到水里（在特别深的水域，汽车也可能倾覆），你需要完成以下步骤：

（1）尽快打开车窗，虽然和第一反应相违背，除非你在汽车沉到水下前的几微秒时间里把车门打开。这是快速平衡车内外压力的唯一途径。如果压力不平衡，车门将无法打开。假如汽车内置的自动开窗系统失灵，用脚、肩膀或其他重物砸玻璃。主要砸侧窗和后窗玻璃，而不是钢化的挡风玻璃。让同行的乘客（尤其是孩子）保持镇静并且向他们说明在汽车进水时需要做的事情。一旦水位到达胸部，最后深吸一口气然后捏住鼻子。你可以尝试把所有的车灯打开，帮助你集中注意力并且向救援队发出信号。

（2）把手放在门闩上。要尽早行动，否则涌入车内的水会模糊你的视线。当水涌入车内时要系好安全带，避免水将你冲到其他地方。

（3）以最快的速度把车门打开。你会感到有压力,这是不可避免的,但是只要车内有空气你就缓缓地深呼吸,尽可能地保持镇静。从车门处逃离。如果你无法打开车门,在玻璃足够大的情况下可以从车窗逃离。这将耗费宝贵的时间和体能。

（4）帮助同行乘客解开安全带,将其推出车外。进入车外的水域后,不要踢腿,以防撞到后面的乘客。

（5）你必须尽快升到水面。可以把你的汽车作为向上游的"跳板"。如果你迷失方向找不到出路,就寻找光亮或气泡(一直向上升的),或者在水里漂浮几秒钟。

（6）即使你认为自己毫发无伤,也要在浮出水面后立刻寻求医疗求助。

如何应对冰面打滑状况

你要是试过到溜冰场滑冰,就知道脚底和冰面之间没有抓力时,得体地在冰面上行走是多么的困难。在无法保持车辆牵引力时,汽车在雪或冰面上行驶非常困难。车轮无法抓地的情况下,你是不能正常驾驶的,受发动机驱动的车轮(无论是前轮驱动、后轮驱动还是四轮驱动)会打转,刹车失灵车辆打滑。有一些司机,通常会被贴上艺高人胆大的标签,他们认为迫使汽车打滑可以展示他们的驾驶技能。事实真相是,轮胎一旦打滑就会失去控制——冬天英国道路48%的事故是由车辆打滑引起的。下面这种技能可以防止车辆打滑,让你驾驶自如。

你要时刻确保汽车的轮胎适合当前行驶的道路,这样能有效避免车辆打滑。一些国家会在每年11月至次年4月期间强制安装冬季专用轮胎。冬季专用轮胎比常规道路轮胎"大块儿",其宽的水槽和柔软的橡胶可以增强抓地力。对冬季运动爱好者来说,开车驶向山里的滑雪胜地时,可能要强制安装防滑链。现在许多防滑链短短几分钟之内就可以安装到所需的轮胎上,通常加油站提供装备服务。然而,在畅通无阻的道路上行驶时,必须把防滑链拆除,避免损坏道路。

通常情况下,状况良好且适当充气的轮胎适于冬季使用。如果在雪或冰面上行驶,你要采取适当的预防措施。以下是一些简单的守则:

(1)减速。

(2)避免突然加速,否则车轮会打转。

(3)避免紧急制动,否则车轮会被锁定并且轮胎失去牵引力。

(4) 避免粗暴转向。

如果发现自己驾驶的汽车打滑,重新恢复控制取决于多种因素,其中包括:是否有前轮驱动、后轮驱动或四轮驱动;打滑的性质以及道路状况。一般而言,前轮应该指向你要行驶的方向,脚要远离刹车并且挂空挡,减缓行驶速度直到能重新操纵汽车为止。

维持驱动轮牵引力的一个简单方法是让汽车负载足够的重量。在正常天气条件下,载重量过大会增加耗油量,但是在冬天,如果你的汽车是后轮驱动,后备厢里携带一袋沙子可以有效增加轮胎的抓地力。前轮驱动汽车的驱动轮有引擎,可以辅助牵引,当汽车攀登陡坡时沙子的重量会转移到车的后部。这种情况下要防止车轮打转,在保证安全的前提下可以调转方向。

如何处理油门失灵和刹车故障

现代汽车具有非常先进的制动系统,然而近年来,各大汽车制造商由于怀疑车辆本身存在安全隐患而召回产品的事件层出不穷。如果你在高速公路上正以每小时70英里的速度行驶,突然汽车出了问题,那会是一种什么状况?当前方发生紧急情况或遇到复杂路况时,你想要采取制动减速,然而,当你把脚离开油门时,汽车却什么反应都没有。如同一部著名影片的标语,它是关于一辆不会减速的汽车,"你应当怎么办?你应当怎么办?"和以往一样,你的即时反应必须是:"我不会惊慌。"

如何应对油门失灵

用最直接的方法应对糟糕的状况。虽然你的第一反应是松开油门,但是你应该将注意力放在刹车和离合器上;也就是说,利用正常工作的装置。

(1) 紧紧踩住脚刹车压制住油门。如果需要,反复轻踩刹车。不要试图使用手刹车,因为烧坏刹车片的可能性很大,并且很有可能让汽车打转。

(2)踩离合器。这样做可以防止发动机驱动汽车。如果你驾驶的是一辆自动挡汽车,让汽车挂空挡。

(3)在继续刹车的过程中,寻找一条可靠的逃生路线,例如驶向硬质路肩。你也许试图尽快驶向逃生路线,但是要保持缓慢、从容驾驶。你的汽车在快速行驶,不稳定驾驶只会让你更摇摆不定。如果幸运的话,你可以在十秒钟内让车子慢下来,避免发生车祸。

(4)如果离合器失灵,只有考虑关掉发动机。

如何应对刹车失灵

正如你所看到的那样,上述情况可以简单解决。如果刹车也失灵该怎么办?首先,这种情况不太可能出现,尤其是现代交通工具都配备双刹车装置。假如刹车都失灵,你可以再次使用离合器。正如以前一样,离合器应始终是你用点火开关钥匙切断引擎之前的第一停靠港。使用离合器并通过齿轮逐渐减低车速。如果证实问题出在高速行驶,你要小心应用手闸。

如果离合器也失灵了怎么办?要是这些倒霉事情都让你撞上了,想想是不是在行驶路上遇到过象征不祥之兆的黑猫或是无意间冒犯了兜售幸运石楠花的小贩?这时,你需要关掉点火装置。然而,确保将钥匙放在原来的位置。如果你试图将钥匙取出,方向盘将被锁住,你会遭遇全新的麻烦。

如果钥匙也被卡住,事情会变得更糟。在保证安全的情况下,开始拨打紧急服务的电话,之后你可能想寻找尽可能安全的路线。尽管你仍有可能受伤,我们还是推荐草地的边缘或是装载沙砾车辆行驶的紧急减速线。远离高速公路,你可能束手无策,但是要尽量避免对他人造成伤害,并且要振奋精神面对前方道路。路边的树木、灌木甚至车辆

(最好是无人驾驶的)都有助于你减速,可以左右大幅度转向。你也可以利用空气动力学的原理通过打开车窗和车门(如果切实可行)来降低车速。最终,你要选择一个尽可能柔软的地点撞车,且保证其他人不会遭遇危险。祝你好运!

如何应对爆胎

你沿着公路开着车,无忧无虑地听着上个父亲节收到的CD,放着70年代的人不能接受的前卫摇滚,突然感觉车子似乎有了自己的生命力。过了一会儿意外出现了,你发现一个轮胎漏气了。如果你想控制住汽车且保证车上的乘客安然无恙,你必须保持冷静并努力恢复控制权。

(1)第一步要控制局面,也就是要控制方向盘。确保你的双手紧紧握住方向盘并保持汽车按直线行驶。逐渐让脚脱离油门,降低车速。

(2)慢慢踩刹车。尽管你想让车辆减速,但是突然刹车很可能会失去对车的控制。

(3)驶向隔离带或道路旁时要平稳转向。安全远离正在行驶的车辆。

(4)停车后,打开车上的危险警示灯,如果有的话,再放置一个三角形警示标志。不要离行驶而来的车辆过近,不然的话会使自己陷入危险之中。

在现代,开车的旅人可以向路边任一急救站求助,工作人员会将你的车拖到合适地点进行修理。然而,熟练掌握更换轮胎的技术很有必要,这样就可以自行解决问题。

事实上,要是不会处理爆胎,你还是别开车了,多少勇敢的小伙子正打算用这项技能帮助路上遭遇爆胎束手无策(尽管多数会修理)或者力气不足的温柔女孩呢!

如何逃脱道路伏击

当遭遇道路伏击时,你不可能顿时化身为受过专业训练的特警。不幸的是,你在世界许多地方都有可能遇到这种危险。你在镜中看到的自己是一个拿着中等薪酬的平凡经理,但是有些人看到的却是通过绑架你来获取赎金从而改变生活的机会。当发现前方道路被歹徒车辆阻塞时,你肯定吓坏了。虽然下文的指导方法无法将你塑造成杰克·鲍尔的原型,但是在你感到不堪一击时,它们可以为你提供一些应对策略。

(1) 不要吓得六神无主。惊慌失措是本能反应,却对你没有任何帮助。你需要寻找脱身之计,选择行动路线并尽快逃离。

(2) 你为什么受到袭击?凶徒是想要你的命吗?如果是这样,逃跑是唯一的选择。如果你认为凶徒绑架你是为了索要赎金(对凶徒而言,你活着比死了更值钱),并且你从他们手中逃脱的机会很渺茫,自我投降可能是最好的选择。

（3）假如你下定决心要逃脱的话（可能此时正好有子弹飞向你），你需要做好应对冲击的准备。身体趴得越低越好（告诉你的乘客也要这样做），将车灯开到最亮，同时透过反光镜观察身后是否也遭受袭击，用拇指的边缘抓住方向盘（尽可能脱离危险），并做好挡风玻璃被砸碎的准备。

（4）现在你必须做决定，是尝试突破埋伏还是扭转现状。

如何撞击敌方车辆

现在没有办法绕过侵略者，尽管违背人的本能反应，但是你别无选择，只能尝试冲出一条路。这样做危机四伏，你和凶徒都有可能受伤致残，所以这真的是最后的无奈之举。一旦你决定这样做，要遵循以下几点：

（1）减速行驶，好像是要停车似的。将汽车挂在最低挡并打开所有的安全气囊。

（2）决定撞击的地点。你的目标是敌方车辆的薄弱部位并远离发动机。目的是将对方车辆撞离出你行驶的道路，所以对大多数交通工具来说，后轮和后保险杠之间是最佳区域。

（3）将脚踩在油门上然后加速行驶。一旦突出重围，继续行驶直到抵达安全地带。

如何驾车摆脱困境

最好尝试远离凶徒。然而，这不是那么简单，凶徒可能对你的撤退做好了充分的准备。如果你有时间和空间并且自信自己的驾驶能力，并决定执行这样的行动方案。现在你必须选择转向方案：J型转向、Y型转向或是手闸转弯。

(1) J 型转向适用于狭窄区域。挑选一个转折点后,你需要猛踩刹车并高速逆转。在接近转折点时,将方向盘转 180 度(事实上是从 9 点转到 3 点),与此同时踩离合器和刹车。汽车本身应该会旋转 180 度,此时挂一挡,调整方向盘并强行将车开走。

(2) 在你撞击埋伏之前,如果有多一点的空间和时间,你可以选择 Y 型转向。这是一个相对简单的策略,在你加速离开前刹车并倒转 90 度(见下图)

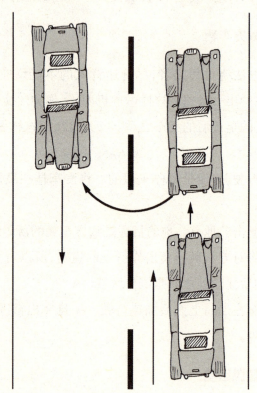

(3) 手刹转弯同样需要时间和空间。它的最大优势是可以有效摆脱追击的车辆,但是你身后的乘客在一段时间里会无限接近凶徒。执行该方案,按离合器并转动方向盘,偏离原先轨道 10 度左右。然后将车轮转动 180 度(从 9 点转到 3 点或是从 3 点转到 9 点)。等到使用手闸前汽车开始转弯。然后旋转直到避开袭击者（见下图）。释放手闸但是把脚放在制动踏板上避免倒转。把车子挂上挡，就像以前一样，像世界末日来临一样迅速逃离。

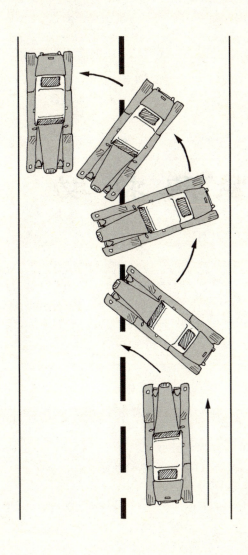

紧急救助

　　你看到有人遭受电击的第一本能反应是立刻帮助他们。切记：不要这样做！如果他们身上仍有流经的电流，帮助他们也会使你触电。在处理电击受害者时要牢记一些重要原则。

你应该及时寻找专业救助伤员的医疗团队,除非你能够进行自我救助。但是有时候情况紧急,你不能坐等紧急服务而不采取任何救助措施,此类情况难以避免。假设你的爱人在餐桌前被食物堵塞了气管或是同伴在山脊上摔断了腿,这或许是你彰显英雄本色的时候。你的目标应该是竭尽所能帮助伤员脱离直接危险,在此情况下,经验丰富的医护人员可以完成其余的工作。参加正规急救课程是十分必要的,可以为可能面临的大多数紧急医疗情况做准备。与此同时,你要熟悉以下技能。

如何应对电击

在我们的日常生活中,电无处不在,例如,家中的各种电器,办公时使用的电脑,购物中心的电梯或是街道上的电灯。损坏的电器或是胡乱修补且没有隔离电源的电子产品,不注意的话就会被电到。

假设一个人接触到一股电流,电流会将人体作为通向大地的便利桥梁。若电流低至1毫安,人体可能无法感受到,然而100毫安将会是致命的。一股足够强大的电流可以引发严重烧伤和肌肉痉挛或心跳停止。你看到有人遭受电击的第一本能反应是立刻帮助他们。切记:不要这样做!如果他们身上仍有流经的电流,帮助他们也会使你触电。在处理电击受害者时要牢记一些重要原则。

(1)用眼睛观察。受害者是否仍接触电源?他是否仍然手握电缆或是身体的某一部位接触到电器?如果是这样的话,你绝对不要触碰他并且提醒附近的人员要与受害者保持一定的距离。

(2)绝缘。切断电源。在安全的情况下拔掉插头或关上电源。

(3)如果该触电者在你切断电源后仍与电源相连,或者你无法切断电源,你可以尝试将他远离电源,但是你必须先保证自身绝缘。你可以站在干的橡胶垫、报纸堆或是汽车轮胎上并借助一些不会导电的物体,例如,干木材、扫帚柄或木质的椅子来使受害者远离电源。

(4)当受害者远离电源时,用夹克衫、毛巾或毯子来扑灭燃烧衣物上的火焰。受害者很可能已失去意识,所以要检查他的呼吸和脉搏。必要的话,实施人工呼吸和胸部按压。

(5)一旦他恢复呼吸,检查他的烧伤情况。伤口应用凉水或温水清洗(千万不能用冷水或冰水),并用一块消毒烧伤敷料或保鲜膜包扎伤口。如果手边没有这些工具,还是赶紧去叫救护车。

(6)如果受害者因肌肉痉挛或各类爆炸而脱离电源,检查其骨折部位。绝对不要试图移动受害者。叫救护车。

任何遭到电击的受害者,无论他是否被严重烧伤或失去意识,都应该送到医院进行适当的医疗检查。内部损伤或其他后遗症可能不会马上显现出来,必须由专业人士诊断。

如何处理烫伤和烧伤

灼伤处极易感染,采取合理预防措施可以大大降低这一概率,但是烧伤的患者需尽早接受医学专业人士的治疗。紧急治疗很简单,但是操作过程中要慎之又慎,牢记基本常识。

(1)将伤者远离热源可以立即灭火。如果受害者身上起火,向他身上泼水或用毯子把火扑灭。不要把自己置身危险之中。

(2)用干净的温水降低灼伤皮肤的温度。将该处肌肤在水中浸泡30秒钟以降低损害并减轻疼痛和肿胀。不要使用冰冷的水、乳膏或其他富含油脂的药剂如黄油或润肤乳。

(3)给伤者盖上一件外套或毛毯,确保他们可以保暖,但是不要遮盖灼伤的区域。这有助于减损休克带来的不良影响,在严酷条件下可以防止伤者体温过低。

(4)不要试图清除伤口处燃烧的衣服残留物或纤维,不然会造成更大的伤害。一定要移除或剪去灼伤皮肤周围的衣物,这些衣物可能会感染伤口或紧贴在皮肤上引发更多的肿胀。不要弄破水泡,它们可以起到保护伤口的作用,也不要去碰松弛的皮肤。

(5)包扎伤口以预防感染。应该使用消过毒的纱布轻轻包扎伤口而不是絮状的绷带,不然的话,更多的松纤维将进入伤口。在伤者被送往医院之前可以用保鲜膜遮盖伤口。轻轻遮盖一下就可以了,不要将保鲜膜紧紧缠绕在肢体上,避免引发肿胀。干净、透明的塑料袋对手或脚部的伤口也非常有帮助。

(6)叫救护车或把伤者送往医院。

假如受害者是化学烧伤,应该轻轻拭去皮肤上的干化学试剂。用流水冲洗皮肤上的化学药品。注意,自身不要接触到这些物质。

如何处理骨折

手臂或腿骨折是一个非常痛苦的经历,确保成功恢复的唯一途径是让医疗专业人士照顾伤者。向应急服务机构求救。然而,若情况紧急,周遭又没有其他的帮助,并且急救人员不可能及时赶到时,你应该做以下事情。

(1)伤者保持静止不动。毫无疑问,腿部骨折的伤者不会四处跑动,但是在持续运动的情况下,未经治疗的骨折手臂将引发更大的伤害和疼痛。让伤者背部着地平躺,这样有助于血液循环并防止休克。

(2)确定骨折部位。手臂或腿部骨折会较为明显地显现出来,尤其是当碎骨穿破了皮肤表层的时候。此外,还要再检查肿胀部位。由于流出多余的血液,肿胀部位周边的皮肤会有发热感。将骨折部位和未骨折的手臂或腿作比较。你可以通过不自然的角度来推测出骨折的部位。骨折部位,受损骨头的末端没有对齐,肿胀部位看起来就像"甜甜圈"。检查肢体的功能和移动性。当手臂骨折时,手仍然可以抓

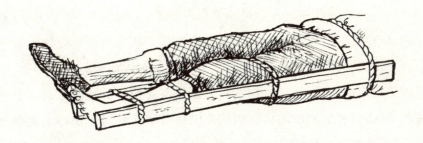

住手指,但是和未骨折手臂相比,抓得不够紧。当腿部骨折时,如果伤者想扭动脚趾,扭动起来就使不上力。抬起、放下或转身会很困难,骨折部位疼痛难忍甚至动弹不得。

(3)固定骨折部位。一旦确定骨折部位,绝对不允许该肢体活动,否则受损骨头的末端相互摩擦会发出声音(听起来很可怕)。骨头应该被放置在夹板里,夹板可以由两块直木板制作而成,并分别固定在骨折部位的上下两端,从而避免骨头弯曲。如果腿部骨折,在伤者疼痛难忍无法抬起腿部的情况下,可以将夹板固定在腿骨左右两侧。假如没有显而易见的夹板(例如,直的拐杖、树枝或是滑雪杖),运用一点想象力。举例来说,在骨折的手臂上裹几层报纸,可以有效固定骨折部位。如果找不到任何物体固定腿部,你可以把它绑到另一条腿上。不要试图抬高骨折的大腿。

使用一些填充物——比如用一条围巾或毛衣来包裹断肢——避免夹板引发不适的情况出现。固定手臂的夹板应足够长,固定在肘部和手腕之间,如果骨折部位在肘部上方,将夹板固定在肘部和肩部之间。然后系一根吊带避免骨折部位进一步损伤。假如腿部骨折,最好使整条腿都保持水平,将夹板固定在大腿、膝盖以下和脚踝处。可以使用绳子、撕下的布条或是皮带固定夹板,但是注意绳子不要系得太紧,不然的话会阻断血液循环。在夹板下面应该可以预留有一根手指的空隙。时不时地检查一下固定的断肢是否变苍白,实际上是检测夹板是否固定得太紧。

（4）扭曲的肢体。骨折可能会引起骨头扭曲错位。举个例子，如果脚部骨头出现不自然的角度，你无法有效地固定夹板。在这种情况下，尽量让伤者感到舒适，直到医疗人员抵达。假如未能获得帮助，你应该轻柔牵引，将骨折部位重新对齐。你需要把骨头轻轻拉到一条直线上，使错位骨头的末端移回到原来的位置。接骨对于伤者来说极其痛苦，但是在骨头重新对齐以后，疼痛感相比之前会有所缓解。记住，这一过程只适用于特别紧急的情况。处理不当会诱发严重的并发症。

（5）如果骨折导致皮肤破裂，用清水清洗伤口并取出所有异物后用消毒纱布包扎。这些工作需要在固定夹板之前进行。此外，如果医疗人员正在赶来的路上，确保伤者舒适并把伤口留给医疗人员处理。

如何系绷带

系绷带是每个人从儿时起就应该好好学习的重要技能。任何一名受过训练的童子军，都能告诉你怎么系。

所需条件

（1）一大块四四方方的布（例如，绷带或大手帕）；
（2）一枚别针。

怎么做

（1）如果你的病人疑似手臂骨折，确保手臂已用夹板固定。
（2）沿着对角线将布折成三角形。
（3）三角形的顶点应位于受伤手臂的肘部。受伤手臂的腕部应该距离三角形长边稍微远一点。
（4）将三角巾的一底脚拉到未受伤手臂一侧的肩膀处。另一底角拉到另一侧肩膀处。

（5）然后在肩膀处将三角形的两端紧紧系住（或用针别住）。肘部的布料也可以打结。

（6）受伤手臂的前臂受绷带的支撑，伤者应该会觉得安全。

（7）检查绷带的松紧度，如果必要可以稍稍放松。密切注视受伤手臂的手指，确保血液流通、感觉和活动一切正常。

如何进行人工呼吸

人工呼吸又称"生命之吻"，在拯救生命的过程中，人工呼吸这项技能经常和胸外按压一同使用，被统称为心肺复苏术。当你遇到事故中的受害者停止呼吸并且心脏可能停止跳动时可以使用心肺复苏术。成功实施心肺复苏术可以使病人起死回生。接下来会告诉你如何检查生命体征以及如何进行心肺复苏术：

（1）检查伤者是否呼吸。让伤者平躺在地上，将你的耳朵靠近他的嘴。如果他呼吸正常，你能够听到呼吸声并感觉到气息。与此同时，观察他的胸部和腹部。你应该可以看到胸部在上下起伏。如果你感觉不到气息且观察不到胸部的运动，表明该伤者无法正常呼吸。

（2）将一只手放在伤者的颈部后侧，另一只则放在额头处，轻轻地将伤者的头部向后倾斜。这有助于保持气道的畅通。把你的手放在伤者的额头处，让其头部呈向后倾斜的姿势。

（3）检查有无障碍物。用另一只手打开伤者的口腔并用两根手指按压舌头。寻找口腔里的异物或是脱落的牙齿。

（4）通氧气。如果前面的步骤未能使伤者恢复呼吸，你需要将氧气注入他的体内。你呼出的气体中含有大量吸入的氧气。这些氧气就是你将供给伤者的。用放在伤者额头上的手触摸他的鼻子，用食指和拇指将鼻孔捏牢。深呼吸，张大嘴巴，然后用你的嘴唇封住伤者的口。轻轻呼气（不超过几秒钟），同时要观察伤者的胸部上升。将你的口松开并看着伤者的胸部下降，与此同时，将耳朵靠近他的嘴倾听呼出的气流。然后再次向伤者的口腔呼入气流。这样反复进行人工呼吸，直到伤者自身恢复呼吸或是等到急救人员抵达。如果伤者是个小孩子，进行人工呼吸可能最容易，可以用你的嘴唇封住伤者的鼻子和嘴巴。对嘴巴有伤的成年人来说，堵住嘴巴并通过鼻子进行人工呼吸可能更有效。

（5）检查脉搏。对伤者的呼吸进行初步检查的同时，也要检查心跳。将两根手指分别放在气管的两侧测量颈动脉。如果感受不到脉

搏,将耳朵贴近伤者的胸部倾听或感受心跳。在进行胸外按压之前,证实伤者是否有心跳非常重要。无论多么微弱,只要有心跳,就不能进行胸外按压。如果你挤压一颗跳动的心脏,将会造成伤害。

(6) 开始胸外按压。在伤者的胸部中央寻找胸骨,然后将一只手的掌根平放在胸部上,略高于胸骨的底部,伸开手指。将另一只手叠放在第一只手上,让手指放在下面手指的间隙中。肘部保持稳定,身体前倾,对伤者的胸部施压。按压深度大约2英寸(5厘米),然后你要向后倾斜释放压力。按压频率为每分钟80次。每15次胸外按压后要再次检查脉搏。

(7) 同时进行。如果伤者既没有脉搏也没有呼吸的能力,人工呼吸和胸外按压要同时进行。在你独自一人操作时,每15次胸外按压伴随两次人工呼吸。一分钟后检查心跳和呼吸,如果没有改善,继续进行心肺复苏术。脉搏恢复后仍需进行人工呼吸。

如何应对窒息

窒息是一种常见的突发性危险,它会阻断脑部供氧,产生严重后果。一旦有人发生窒息,你的首要任务是查明情况是否严重,询问伤者是否窒息。如果他们回应自己窒息了,那么情况还不算太糟,你应该鼓励他们将阻塞物咳出,而不需要再做其他事情。如果他们无法说话,或者只通过点头回应,情况可能较为严重。在这些状况下,呼吸方面的问题以及伤者为了咳嗽所做的努力都会是无声的。严重情况下,他们甚至会失去意识。在气道严重阻塞的情况下,你应该:

(1) 连续5次击打伤者背部,目的是疏通阻塞部位。为了取得最佳效果,伤者应该弯腰,头向前倾。你应该站在他的背后并在一边用掌根敲打肩胛骨之间的部位。每敲打完一次后观察是否起作用。

(2) 如果该方法不起作用,你需要实施腹部冲击法。站在或跪在伤者身后,一只手握拳将拳头(拇指的指尖对着伤者)放在肚脐和剑突之间的上腹部处。用另一只手抓住拳头,突然向上迅速猛推,重复连续推击(手臂与水平面保持45度角)。腹部推压5次后,再敲打背部5次,不断重复直到阻塞物移除,否则伤者会失去意识。

(3)如果伤者已经失去意识,轻轻将其平躺在地面上,打电话叫救护车并利用心肺复苏术实施急救,直到伤者恢复呼吸。

如何处理碎片和水泡

碎片刺入身体和脚上起泡可能是"重伤"里级别较轻的伤,却也是疼痛万分、令人难以忍受的,周末短途旅行的乐趣往往就因为这些状况而消失殆尽。通常情况下,你不需要寻求专业医疗人员的帮助,但是你需要知道如何正确处理它们。

1. 如何取出碎片

所需条件

(1)镊子;

(2)膏药或绷带;

(3)一根针;

(4)酒精或火柴。

怎么做

(1)首先,用肥皂和水清洗双手,然后清洗创口及周边。

(2)最好的情况是碎片的一端从皮肤里凸出来,你可以用镊子夹住它,然后慢慢地把它从肉里取出。

(3)碎片取出后,再次清洗伤口,然后敷上膏药或缠上绷带。

(4)如果碎片完全嵌入肉里,那么情况就更复杂了,而且伤者将遭受极大的痛苦。坚强点!

（5）你需要在皮肤上挖一个小洞,然后将碎片从中取出。在此过程中要使用消过毒的针和镊子。

（6）对针进行消毒,用酒精清洗或是在火柴燃烧的火焰里灼烧几秒钟。待针冷却后清除上面的积炭。

（7）在清除碎片的过程中,你可能感到头晕眼花。如果仍未取得任何进展,可能就需要去看医生了。

（8）需要注意,碎木片长时间处于潮湿的环境里会膨胀并引发更多的刺激。其他未经处理的碎片也会诱发感染。留心:肿胀、红色、发炎的皮肤,脓,碎片周围的灼热感。注意这些体征并进行局部手术。毋庸置疑,眼睛里的碎片需要接受专业医疗人士的紧急处理。

2. 如何处理水泡

所需条件

（1）剪刀;
（2）爽足粉;
（3）水泡贴;
（4）润滑剂（例如:凡士林）。

怎么做

（1）应对水泡的最好办法就是避免起水泡。穿舒适、合脚的鞋子并适合你将行走的地势。选择一双透气性好的袜子（无缝合线的）直接穿在脚上,并将一双耐用的羊毛袜子穿在外面一层。

（2）尽管你采取了预防措施,糟糕的状况还是发生了,要尽早处理水泡。处理的时间拖得越久,情况就越糟糕。当你感觉要有出水泡的趋势但水泡还没有成形之前,在脚上擦一些合适的润滑剂,再洒一些爽足粉。这样可以减少足部娇嫩区域的摩擦。

（3）剪一块比水泡稍大的吸塑垫。再在垫子中央剪一个水泡大小的洞。

（4）将吸塑垫放进鞋子，垫子的洞恰好位于水泡上。这样可以保持水泡区域的透气性，并能避免鞋子与水泡产生摩擦。

（5）如果你是徒步旅行，每隔几小时更换一下袜子。出汗的袜子会浸湿水泡，伤口愈合时皮肤需要保持干燥。

（6）大多数水泡可以得到有效控制，但如果处理不当，伤口迟迟难以愈合，就容易造成感染并将导致严重的问题，需要专业人士的护理。掌握一点常识你就不会落到如此境地。

如何应对恐慌症

由于极度焦虑而引起的恐慌症很少造成严重的伤害，但是对患者而言是极其不愉快的经历。

1. 如何辨识恐慌症

（1）患者是否极度焦虑不安？

（2）他们是否呼吸急促？

（3）他们是否出汗或颤抖？

（4）他们的脉搏频率是否加快？

（5）是否感到嘴干？

（6）他们是否感到心悸？

2. 如何救助恐慌症患者

（1）将伤者放置到安静的空间里，远离人群。

（2）试图让他们冷静下来——说明他们罹患了恐慌症，很快就会好起来的。

（3）尽可能了解情况。他们之前是否有类似的情况发生？是否有显著因素诱发此次的恐慌？

（4）努力使他们的呼吸得到控制，进行缓慢、有序的呼吸。对着一个纸袋子或凹陷的双手呼吸是两个调节呼吸模式的有效方法。

（5）陪伴在患者身边直到他们的恐慌消失。

（6）鼓励患者进行医疗体检。

如何应对疑似中毒事件

中毒最常见原因是吞食了本身有毒物质或过量食用一种物质，例如，酒精，从而发生中毒情况。以这样的方式摄入的有毒物质，大体可以分为两类：腐蚀性毒物和内吸性毒物。

腐蚀性毒物会灼伤身体内的组织，很可能会损伤口腔和喉咙，可能会对呼吸道产生严重影响。如果你自己或遇到其他人吞食了腐蚀性毒物，你首先要冲洗口腔，降低直接损伤，并尽快到医院就医，在途中要不断喝水。你可能试图通过呕吐的方式清除毒素，事实上，这只会导致进一步的烧伤，所以不要尝试。尽管要为患者做你力所能及的事情，但在此过程中不要使自身受到伤害。

内吸性毒物，顾名思义，毒剂攻击身体系统。包括有意无意摄入过量酒精或药物，就是典型的过量服用事件。与腐蚀性毒剂不同，内吸性毒物的摄入和反应之间通常会有一段时间的延迟。在发现过量服用毒剂的受害者时，你必须先确认他们的意识水平，他们是否仍保持呼吸，呼吸道是否阻塞。如果需要，将伤者摆成复原体位，寻求应急医疗救援并尽你所能记录所有相关信息，不管是从伤者那里直接获取的信息还是观察到的症状或从现场获取的物证（例如，他们食用了哪些物质）。

动 物 篇

绝对不要刺激狗,否则你就有大麻烦了,也要避免冲狗微笑。微笑在人与人之间可以表示友好,但是不要对狗露出你的牙齿。

虽然人是从猿进化而来的,但人和动物之间的竞争很不公平,人类猎杀动物、食用动物,将它们关在笼子里用尖物刺激它们;为了消遣或弥补个性缺失给动物穿上滑稽的衣服。相比较而言,动物一直对人类很友好。总的来说,我们人类一直扮演着捕食者的角色,而其他物种也不会来打扰人类的生存空间,除非我们真的激怒了它们。然而,要是人类赤手空拳与一头动物单独搏斗,人类胜算很小。不要幻想可以控制一头牛,驯服一条鳄鱼或是被蛇咬伤后不出现任何不良反应,这样的人微乎其微。我们的优势只是比动物聪明一些。请阅读以下内容,万一发生意外,至少你还能有些预防知识防身。

如何躲避熊的攻击

要是鲁珀特熊,帕丁顿熊,维尼熊——为一罐蜂蜜或一块果酱三明治和你发生争执时,你肯定会揍它们一顿。然而,面对一只野生熊时,你应该不会如此自信。一如既往,你的主要目的是避免冲突。熊天性害羞,通常不会自找麻烦。发现自己进入熊的领地后,制造一点噪音以宣告自己的存在。你可以喋喋不休地聊天或是唱歌(或许是《泰迪熊的午餐》里的歌词),你甚至可以买"熊铃铛"。如果它们知道你在那里,就会设法避开你。

转移一只熊注意力的最快方法是投食它感兴趣的东西——大体上来说,应该投食食物。将所有的物资储存起来,始终保持环境整洁并妥善处理所有废弃物。没有理由让熊靠近并探索你的周围区域。如果你无意中发现了熊的足迹,就寻找另一条线路并将你身旁的狗拴在链子上。绝对不能爬到熊的身上,也不要站在熊妈妈和熊宝宝之间。与所有好母亲一样,熊妈妈将熊宝宝视为珍宝;她会追击可能对其构成威胁的所有事物。

如果你看见远处有一只熊,尽快离开此地。即使破坏了你的计划或要行走很长的弯路,还是要逃离现场。当你逃离险境时,在路途中制造大量噪音可以减少遇见熊的可能性。

假如你离一只熊很近,并且这只熊已经锁定你,逐渐改变策略,用平和低沉的语气说话(使用一些毫不相干的词语,什么都行,但是不能吹口哨),并且避免目光直接接触(尽管要密切关注事态发展)。你要表明自己没有恶意,并且有足够的能力应对危险,所以不要畏缩。

如果这只熊决定接近你,你要在慢慢后退的过程中尽可能变得强大并放慢语速。假如它不断接近你,停下脚步展示你无所畏惧的一面。仍用同样的口吻讲话但要提高音量。挥动手臂可以彰显你高大的形象。不要具有侵略性,但要使自己显得强大而坚决。如果熊向你冲过来,保持原地不动。它很可能只是在试探你,并在抓住你之前就已后退。

你必须瞬间确定熊接近你的动机,它是为了捕食(例如它把你视作一顿美餐)还是防御(你误入它的领地,它担心幼崽的安危)?

只有受到灰熊或北极熊的非猎食性攻击且它们已触碰到你时,你才可以选择装死。你应该平躺在地上,尽可能保护你的要害部位并用手臂保护你的颈部。即使熊凑近查看你,也要保持一动不动。待熊离开数分钟后撤退。

如果是猎食性的攻击(任何类型的黑熊),你就需要还击。你要借助手边的任何武器——石头、野营设备、木棍与熊搏斗。幸运的话,熊会被你吓跑,使你得以逃脱。

另外一种办法,也是一种老办法——"上树"。你跑不过一只熊,所以先要接近一棵合适的树。这个方法对黑熊不奏效,然而如果你能爬到二十多英寸的位置,就有可能比一只灰熊高。不然的话,你只能选择逃跑,如果迫不得已做出这样的选择,沿之字形路线前行,迫使追赶的熊改变方向(这不是大多数熊的强项)。记住,这种奔跑方法也会让你像熊一样筋疲力尽。但如果沿直线奔跑,你肯定逃不掉。最后,如果你要进入熊的领地,就要先了解有关防熊喷剂使用的专业建议,这种喷剂是一种很有效的武器。

如何击退鳄鱼

就像熊一样,鳄鱼喜欢在傍晚和前半夜时发动攻击,万幸的是在夜晚攻击次数少,但和其他生物在一起时,攻击次数会变多。所以,你首先应该避免遇到鳄鱼。一旦战斗打响,你有生存的希望,但是要做好被鳄鱼吞食的心理准备。

当你接近鳄鱼的领地时,应该做到心中有数。它们栖息在热带沼泽地,所以令人欣慰的是,在当地商店闲逛时不大可能遇到鳄鱼。如果进入鳄鱼的领地,远离它们的栖息地,尤其是危险的黄昏时分和夏季(鳄鱼在这个季节最活跃)。如果你在鳄鱼的栖息地附近钓鱼,不要在水边洗鱼,这会引起鳄鱼不必要的注意。

在世界的一些地方,例如,佛罗里达,有定期报道有球手在练球时遭到鳄鱼的攻击,球场距离危险地区过近。如果你在埃弗格莱兹开球,不要到可能有鳄鱼栖息的水域寻找打丢的球。同样,如果携带了宠物,不要让它们靠近水边。不要过多刺激鳄鱼让其接近你。切勿喂饲鳄鱼,不要主动挡它们的道。如果你想观察它们,保持安全的距离。一定要遵守所有关于限制游泳的标语。鳄鱼行事低调不易发现。如果身处在鳄鱼隐藏的水域,一定要格外警惕。

鳄鱼一般不吃人类,但也不排除你遇上了一只食人鳄鱼。尽管你做了最大努力,如果触动了某只鳄鱼的味蕾,遵守以下规则:

(1) 制造大量噪音并不断移动。最好的情况下,鳄鱼完全打消念头后溜走,去寻找容易猎捕的食物享用。

(2) 如果你在陆地上,离鳄鱼很远,将有机会逃脱。攻击过程中,鳄鱼喜欢出其不意,而不是穷追不舍。它们在陆地上很敏捷,你游泳的速度也绝对比不上任何一条鳄鱼。你与鳄鱼保持一段距离的情况下才能采取"逃跑"策略。

(3) 如果被袭击,要发起反击。屈服让步毫无意义。鳄鱼可能想把你拖下水并置于死地。你生存的希望很渺茫,但仍有一线希望就不要放弃。事实上,你必须竭尽所能避免和鳄鱼一起落入水中。幸运的是,鳄鱼自身也有弱点。用手指或手上的其他武器击打或刺向鳄鱼的眼睛。鼻孔和耳朵是很好的袭击目标,前提是你能将其砍下来或猛力击打。鳄鱼的舌头后面有一个组织瓣,防止潜水时溺亡。如果有办法将手臂或腿伸进鳄鱼的喉咙,就取出该组织瓣。如果你成功接触到鳄鱼的弱点,鳄鱼会出于保护自己的本能而放过你。

(4) 一旦避开了缠斗,寻求医疗救助。你会需要的。

在攻击状态下,对短吻鳄奏效的方法,对鳄鱼同样适用,这一点请牢记。

如何处理毒蛇咬伤

不到一半的蛇是有毒的,这一点可能会让人不安。如果你不确定伤口是否有毒,就视作有毒伤口。如果可能的话,将咬伤你的蛇打死或进行相关描述可以协助医疗服务。遵守以下条例:

(1) 立刻寻求有效帮助。

(2) 尽最大努力,让伤者保持冷静。让他们平静地躺下来等待救援。给他们保暖并将咬伤部位放在低于心脏的位置。

（3）如果救援人员无法在半个小时内赶到,你有蛇咬工具箱吗？擦去咬伤部位周围的毒液。可以使用毒液吸取泵。为防止毒液通过血液扩散,还可以尝试将毒液吸出,只要嘴巴没有开放性伤口就没有风险,尽管该方法是否有效颇具争议。你一定不能切开伤口,那样会使更多的血液沾染毒素。

（4）如果伤口位于手臂或腿部,在伤口上方几英寸处打绷带（不要遮挡伤口）。必须固定伤口。

（5）在无法保证救援人员找到你的情况下,你必须设法找到他们。毒蛇咬伤是致命的,伤者需要专门的血清。

鲨鱼袭击时如何自卫

电影《大白鲨》的情节仍有很多争议——鲨鱼绝不是有鳍的刺客。也就是说你被河马杀死的可能性比鲨鱼大,但是,故事只是故事,与事实有所不符也无妨。

尽管鲨鱼吃人这种情况很少发生,但是,有些时候鲨鱼仍会构成威胁,主要在黄昏和夜晚。如果在游泳时发现了鲨鱼,你们一群人应该面朝外形成一个紧密的包围圈。鲨鱼不喜欢人群。它们也不喜欢强烈的噪音和节奏感强的运动,所以有鲨鱼靠近时,尝试用杯型手型在水里拍打。

如果你感受到了危险,保持冷静至关重要。直截了当地说,可别吓得尿裤子,那只会吸引鲨鱼的注意。有节奏地游泳且不要试图装死——装死只会让自己更加不堪一击。如果可以,去掉身上所有闪亮的物品,例如,珠宝首饰,因为鲨鱼会将这些物品误认成某类鱼。如果你认为鲨鱼并不是一个迫在眉睫的威胁,尽快登上陆地。除此以外,查看是否有藏身之处,如芦苇丛。如果你有合适的呼吸设备,向海底游去是最佳选择。

如果争斗随即发生,任何在手边的物体都可以用来攻击鲨鱼。举例来说,你外出潜水可能会携带照相机。用物体攻击鲨鱼时,双手远离危险。如果找不到工具,用脚踢或用强硬的手臂和手掌跟攻击。瞄准鲨鱼的鼻子、眼睛和鱼鳃——鲨鱼最薄弱的部位。当你攻击鲨鱼时,按照自己的方式做。只要不是对付巨型动物,你就有机会获胜。

如何阻止打架的狗

好好对待狗,狗会成为人类最好的朋友,这是事实。但是今天,包括纵观整个历史,人们养狗只是为了看家护院。有攻击性的狗是许多社会问题中的主要问题,有的人会带它们参加非法斗狗比赛。少数情况下,性格安静温和的猎狗可能突然发狂。最终的结果就是,大街上、公园里斗狗成为一种司空见惯的场景。终止冲突是有风险的,但是有必要干预。接下来我们会告诉你怎么做:

(1)不要卷入争斗之中。即使是两只可爱的宠物,在争斗过程中,它们是为自己生命而战的动物。你不会被它们当成亲爱的主人。你很可能被它们咬伤。

(2)一桶冷水或冰冷的软管很可能粉碎最强的战斗本能。

(3)如果上述方法不好用,试着用一块大木板、一根粗木棍或一张网将狗分开。然后可能要用冷水或冰软管将狗赶走。

(4)此外,用汽笛制造大噪音(几次爆炸比喋喋不休的喧嚣管用)可以分散狗的注意力。

（5）一旦争斗停止，试着把两只狗分开，不过要注意安全。看有没有可能将其中一只狗单独带到房间或车里？

（6）身旁是否有人帮助你？不到万不得已，每人挑选一只狗，从背后接近它们然后抓住后腿。将猎狗放在手推车上，将它们分开，彼此远离。你需要保持警惕，狗不能马上恢复冷静。一旦将它们放开，你就有被咬伤的风险。在你后退过程中，推手推车做圆周运动，可以给你更多的保护。

如何应对具有攻击性的狗

当你发现自己变成犬斗的受害者时，可以做一些事情避免冲突的发生，所以将它们记在脑子里。

绝对不要刺激狗，否则你就有大麻烦了。也要避免冲狗微笑。微笑在人与人之间可以表示友好，但是对狗不要露出你的牙齿。

有些狗看上去就很凶猛，其实所有狗骨子里都存有那份野性，要注意观察狗有没有表现出攻击的倾向。

遭到攻击的情况时怎么做

（1）冷静应对。恐慌可能会煽动狗发动攻击或误解你的意图。不要试图逃跑——你肯定跑不赢一只狗。

（2）尝试发号施令，比如，"趴下！"或"回家！"没准能让狗记起它在自然秩序中的位置。

（3）站在狗的侧面并避免眼神接触，让自己看上去少点威胁性。交叉双臂并把手藏起来，或者将手臂放在身体两侧，让手指远离危险。

（4）坚守自己的阵地。接受了你是没有攻击性的事实后，狗很快会被新的声音或异味吸引。即使狗过来嗅你身上的气味，也要保持静止不动。只是闻气味还好；我们只想避免被狗咬伤。

（5）如果狗打算攻击你，蹲在地上，像胎儿一样蜷缩起来。用双手和手臂保护脆弱的脖子和脸，蜷缩成一个球状。不要反复变换动作，保持安静。最终，狗会对你失去兴趣。一旦躲过危险，迅速站起来寻求医疗帮助。要及时处理伤口。

如果你发现其他人被袭击，不要试图把受害者拖走。这可能会导致伤口恶化。如果你身边有木棍或类似物品，袭击狗的后颈部或鼻子。不要袭击狗头的其他部位，这只会让它更生气。或者，试着将一个物体塞到狗的嘴巴里，如你的手臂，但你要设法保护你的手臂（例如：包裹一件大衣或厚外套）。如果你选择这种处理方式，一定要果断，用力将物体塞进狗的下颌里。

如何应对愤怒的公牛

在乡间享受过徒步旅行之后，你可能会在沿途的一两个旅馆里停留，喝酒振奋一下精神。平静的一天结束后，你打算返回住所。当你踏入一片田地后却碰上了一头愤怒的公牛。以正确的方法应对，你应该能够逃脱，掌握一个技巧可以用于多种状况。

怎么做

（1）如果你先看到公牛，迅速离开这片田地。就像面对其他动物一样，最好不要发生冲突。

（2）如果你别无选择，必须穿过这片田地，审视一下当时的情况。周围有奶牛吗？如果有，公牛的攻击性不会太强。公牛看到你了吗？它表现出了攻击行为吗（如低下头，弯曲颈部并踢地面）？如果有，竭尽所能寻找另外一条出路。

（3）如果你选择穿过这片田地，密切注视这头公牛，但是要逃离它的视线。它会对你的行动做出回应。

（4）假如你的尝试失败了并且公牛向你冲过来,有时间的情况下赶快逃跑。走最近的通道,让自己免受伤害。如果你随身带了一条狗,让它在前面带路,老天保佑狗能跑过公牛,分散公牛对你的注意力。

（5）如果你跑不过公牛(它们短距离奔跑的速度非常快),就需要分散它的注意力。尽管不建议你做斗牛士,但现在就发挥一下天分吧。脱一件衣服(不要耽误时间)。模仿斗牛士,将衣服拿在手里晃动。公牛会奔向衣服晃动的区域。只要你有足够的胆量,将衣服扔向远方,公牛会继续追随衣服奔跑。你要抓住这宝贵的几秒钟时间逃跑。

如何抵御水蛭的攻击

这是恐怖电影里的场景。你在野外行走时突然感觉大事不妙。低头一看,发现身体上吸附了一大群血吸虫。水蛭!

事实上,水蛭不可能当场吸干你的血液,但是它们会携带许多细菌和病毒,它们享用你的血液且不是那么容易被赶走的。毋庸置疑,你的第一反应就是把这些讨厌的家伙拿掉——但是这种做法大错特错。虽然能将大部分水蛭拿开,但是它们会在你的肉体上留下咬痕,极易感染。其他常见的反应是在水蛭上撒盐或用火灼烧它们。虽然每一种方法都能赶走水蛭,但是水蛭会把刚吸入的血液吐回你的身体里,这个时候,你的血液里会增加许多细菌。你要遵守以下规则:

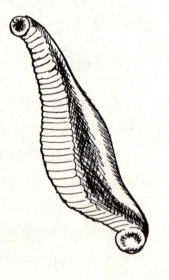

（1）水蛭生活在潮湿的环境里,例如沼泽,热带雨林。如果你进入了水蛭的栖息地,它们能听到人的声音,嗅到气味,然后向你游来。如果你身处它们熟悉的环境里,穿上外套并涂抹杀虫剂。

（2）如果你在水蛭出没的环境里行走，时刻检查自己的皮肤，确保没有被水蛭叮咬。

（3）如果你发现身上有一只水蛭，一定会想把它刮掉。这个时候用手指甲在它吸盘下方的侧边滑动。在瘦尾部，缓慢地刮掉它。

（4）将水蛭瘦的一截拿开后，迅速把手指放在较胖的一段将整只水蛭移除。水蛭不会轻言放弃，但是你应该能取得成功。

（5）选择适当的时机，查看身体的其他部位。一个地方被咬，紧接着其他地方也可能被咬。

（6）清洁伤口，确保不会感染。

如何处理水母蜇伤

水母是不动声色的捕食者，当你在大海里玩耍时，水母会向你释放有毒的触须。通常，你会带着毒刺躲开。如果你遇到一只箱型水母或一只葡萄牙僧帽水母，你的生命可能会受到威胁。如果你被水母蜇伤，尽快寻求专业求助。

你要做的第一件事是将触须从伤者的皮肤上移开。如果可以，用热水或者盐水处理。冰冷的淡水可能会增加疼痛感。用戴手套的手、棍子、镊子等类似工具将其余的触须拿开。确保触须没有沾到你的身上或衣服上。

检查伤者是否出现过敏症（过敏反应）。症状包括：瘙痒、荨麻疹、呼吸短促、喉咙发紧、皮肤红肿以及全身无力。应该将伤口浸泡在热水里（伤者可以承受的最热温度）。醋同样可以缓解疼痛。但是要小心使用。醋在大多数情况下管用，但是会加重僧帽水母的蜇伤。如果你被这类水母蜇伤，立刻寻求医疗护理。条件便利的话，在伤口上敷一些冰块降温可以减轻疼痛。

突发状况篇

据估计,火灾中丧生总人数的50%至80%是因为吸入烟尘而不是烧伤。烟雾弥漫的环境中,你趴得越低越安全。匍匐前行,爬行过程中用手捂住鼻子和嘴巴,最好用湿布盖住口鼻……

如何从失火大楼里逃生

可以肯定的是,在你开始思考如何解救自己和同伴之前,不希望看到自己深陷大火之中。和以往一样,如果在突发状况之前做好一些准备,你会有绝对的优势。在家里安装火烟警报器。不要闲置不用,确保你需要帮助时,报警器能派上用场——每周检测一下警报器,确保它们处于正常工作的状态。无论自己身处何种建筑物中,确保自己了解畅通的逃生通道在什么地方,它提供了一条抵达安全地带的通畅路径。思考如何帮助小孩子逃生——当然,在你逃离失火建筑之前,需让小孩从高高的窗户上爬出去。一旦发生火灾,年长的孩子应该知道他们首先要做的是逃跑,而不是躲在床底或橱柜里。如果最糟糕的事情发生了,火势越来越大,接下来将告诉你怎么做:

(1) 理所当然,你最先做的事情一定是逃离失火大楼。如果可以逃走,不要拖延。千万不要有拯救财产的想法,哪怕一秒都不可以。

(2) 据估计,火灾中丧生总人数的50%至80%是因为吸入烟尘而不是烧伤。烟雾弥漫的环境中,你趴得越低越安全。匍匐前行,爬行过程中用手捂住鼻子和嘴巴,最好用湿布盖住口鼻。

(3) 如果前面有扇门,用手背触碰门。如果温度不高,从此路通过并立即将门关上。如果感觉门很热,那么,寻找另一条出路。如果找不到通道,将门半开,但是你要做好再次关门的准备,因为大火可能阻挡了你前进的道路。

(4) 如果你无法找到可行的逃生路线,尽可能多的关闭你和火源之间的大门,在你等待救援的过程中,这些门可以帮你抵挡高温和烟雾。

(5) 如果你能逃离失火大楼,事先应安排好集合地点。

(6) 在失火的多层建筑里千万不要使用电梯。无论如何都不要再进入燃烧的建筑物。

如何用沟通的方式化解争吵

人类是从尼安德特人进化而来,我们偶尔还会倒退回穴居人的生活。一个用词不当,一个被误解了的眼神,一杯洒了的酒,还有一闪而现的嫉妒心……都很容易让我们忘掉自己是文明的绅士(尤其是喝醉的时候),转而用拳头发泄不满。然而,拳头语言不应该是现代人使用的方式。如果发现自己生气时会钻牛角尖,试着用沟通的方式让自己的心情平复。

怎么做

(1) 决不挑起战争。无论你度过了多糟糕的一天,无论你喝了多少酒,也无论你多么委屈,都不要当挑衅者。如果你真的感觉很委屈,可以通过官方渠道伸张正义(如果实际情况合适),或是简明扼要地述说你的委屈。你永远不会知道,如果你是正义的一方,你的对手是会承认还是会设法颠倒黑白。一旦你使用暴力,就失去了道德的高地。

(2)如果有人想打架,或许是想给他的配偶或女伴留下深刻印象,尽可能地无视他。如果有人在酒吧里故意推撞你,不要落入他们的圈套。当然,人的忍耐是有限度的,但是从长远来看,远离他们对自身有利。

(3)可以通过行动弥补过失吗?如果你冤枉了他,你能给予道歉吗?举例来说,如果你无意中和同伴的女友搭讪,就要赔礼道歉,对当时的混乱情况进行解释并赶紧离开。假如你不小心打翻了他一品脱好酒,考虑买一品脱作为赔偿。

(4)如果不清楚对手进攻的原因,试着不让事态恶化。不要使用煽动性语言。如果你想避免打群架,解释道:"你看,我不想惹任何麻烦。"不要辱骂对方,要是你说对方是个"又胖又丑的四眼蠢蛋",纷争在所难免,也不要故意挑起煽动性的话题,例如,当你不小心打碎了他的酒时,如果你是南非球迷而他前额上有美国纹身,就不要将话题转移到足球上。你的目的是缓和紧张局面而不是让事态恶化。

(5)不要向对手做有攻击性的手势。如果他感觉自己受到威胁,大打出手的局面很快就会发生。

(6)即使周围的人都失去了理智,你也要保持冷静,正如拉迪亚德·吉卜林所说,这是成为男子汉的一种历练。事情过去后,内心不要再愤愤不平。继续自己的生活,生命短暂,过好当下。

(7)如果有人公开向你发起挑战,不要理他,随便对方说什么,你要做一个大度的人,不要和他们一般见识。你的对手可能很开心,因为他不战而胜。

(8)伸出友谊之手。如果有人找你麻烦,你好生相劝,他们却很无理,不愿接受。握手言和(甚至一个没有恶意的玩笑,如果情况允许)

是一个皆大欢喜的结局。

（9）如果你的对手坚持使用暴力,试着去一个安全的地方并寻求援助(夜总会的保镖,警察,当地的橄榄球队员)制止暴力冲突,将财产、人员等各方面的损伤降到最低。

如何抵挡正面攻击

遗憾的是,人生并不公平。无论你多么努力躲避麻烦,麻烦都会自己找上门。例如,晚上你在小巷里散步,有人就会萌生袭击你的想法。另外你要确定,无论说多少话都不能说服他们。如果他们想要你的钱包,最好的办法就是将钱包交给他们,确保自己安全脱逃。银行卡可以更换,但是生命不可重来。然而,你可能发现袭击者只是不顾一切地重伤你。在这种情况下,你需要掌握一些自卫的小常识。你要发起反击,避免受到严重伤害并前往安全地带。出手时一定要积极果断,即使你的性格并非如此。

与身后袭击不同,正面攻击有一内在优势——你可能有所察觉并有一两秒的宝贵时间决定行动方案。以下是一套行之有效的策略。

（1）在袭击者接近你的时候,他很可能抓住你的手腕并试图用另一只手袭击你身体其他部位。这种威胁行为的目的是恐吓你并让你妥协。

你应立刻改变这种力量的平衡——摆脱控制并击打他的双手。

（2）对一个坏蛋来说,他不会就此罢手,你争取拖住他的后腿。如果可以抓住他的手指,将手指向后弯。分散他的注意力能使他猝不及防。大声喊叫可一举数得,不仅有望得到援助,还可以让袭击者感到迷惑,同时激发你反击的热情。

（3）任何人都知道,用膝盖踢腹股沟是最具杀伤力的动作。

（4）在他痛苦地蹒跚前行时,用右手肘瞄准他的鼻子、喉咙或太阳穴。

（5）到目前为止，你已经挫伤了袭击者的部分积极性。如果他向你走来，迅速后退并抬起膝盖踢向其薄弱部位，如脸或喉咙。

（6）用你最有力的一只脚攻击对方的膝盖。

（7）运气好的话，他现在已经疼得直不起腰。接近他，用手肘抵住他的后脑或颈部。

（8）将袭击者推开，最理想的情况是将他推倒在地。一旦开辟了一条安全通道，尽快逃离。

最后一句忠告：袭击者已被击退或受伤，就到此为止。如果出于报复对袭击者造成更大的伤害，最终会遭受刑事指控。记得报警。

如何应对身后袭击

身后袭击一般发生在小巷或自动取款机前，身后袭击的应战规则与其他袭击相比有很大不同。就其本质而言，身后袭击令人措手不及。立刻采取防守行动是当务之急：

（1）集中手肘最大的力量攻击对方分肋骨。

（2）当袭击者感到疼痛并失去平衡时,试图抓住他的手指(无名指和小指最易攻击)。如果可以将其折断,尽可能向后扭转手指。如果袭击者的一只手无法用劲,他将失去极大的优势。

（3）紧紧抓住一只手的同时,背对着他。尽可能站到他的后背中间,注意手不要松开。

（4）用你空闲的手,一只手抓住袭击者头发的同时用另一只手压住他的手指。如果可以,抓住他的头发并将头向后拉,让他尽量接近地面。

（5）当他膝盖弯曲时,用力顶压离你最近的膝盖的后部,让他跪倒在地。

（6）紧紧抓住袭击者的同时,向前用力将他推倒在地。尽快逃离。

毫无疑问,在激战阶段,事情不可能简单地按计划进行。一旦与袭击者交战,做好恶战的准备并灵活运用战术。谨记,你的目的是采取一切手段安全逃离。

着 装 篇

　　男士外出不要忘记打领带。打针织羊毛领带是乡村漫步时的绝佳选择。领带可以防止热量从衬衫领和脖子之间的空隙散发出去,从而起到保暖的作用。在紧急情况下领带大有用处,它可以充当临时吊索,也可以将夹板固定在骨折部位。可以穿马甲,但是要细心挑选一件有整齐口袋的马甲,方便携带有用的小物件。

如果一个人想要在各种场合都显得大方得体，游刃有余，其中很重要的一点，是要看起来给人一种能担此重任的感觉。毫无疑问，你的着装取决于你所处的环境。你不可能在乡间漫步和穿越亚马孙或攀登珠穆朗玛峰时穿一样的衣服。本章节所包含的信息不是为了应对极端情况，更恰当地说，这是一本着装指南，指导你外出度假时如何着装，看起来像位绅士。

如何选择装束

在过去，如果一位绅士计划去秋日里的乡村呼吸新鲜空气，悠闲漫步或是轻快步行，甚至可能骑车远足去一家乡村酒店吃午饭，在此之前他就清楚自己该如何着装。他会用一套花呢服装、一双结实的粗革皮鞋或步行靴和一顶粗呢帽替换普通西装或职业套装、锃亮的牛皮鞋和圆顶礼帽。毫无疑问，他所有的服装都是用天然材料制成的——羊毛、棉花或皮革——那些专门为户外运动设计的服饰发挥了极大的作用。

时至今日，天然材料仍不可或缺。尽管现代的特种织物坚称重量轻，更防水，通常比优质的传统服饰便宜，但却不能进一步改进。人们鼓吹的现代布料技术创新的特性，事实上，正是基于许多自然材料已有的特点。

让我们先从内衣说起。穿棉质汗衫、内裤、袜子或羊毛袜是非常明智的。棉布，如同现代透气布料，舒适性好。它质地柔软，接缝处不产生摩擦且吸汗。由于天然纤维和织物结构里有空气存在，所以棉布很容易变干。至于袜子，优质羊毛袜比棉袜的吸水性更强。

接下来说说衬衫，衬衫的含棉量比内衣高，但是二者大部分的特性相同。面料中含有的空气，意味着该布料冬暖夏凉。挑选裤子时，为什么不选择帅气（且保暖）花呢套装里搭配的裤子？此外，长及膝盖的短裤和灯笼裤都有一定的优势。长裤保暖性能好,如果你去乡村酒店的话,穿长裤较为文明。但是,在泥泞的田间行走时,有时长裤会被打湿留下泥印。灯笼裤的裤脚恰好位于膝盖下方,然后搭配及膝的长袜,可以有效防止腿部被水打湿,避免沾染自行车上的油渍。

不言而喻,男士外出不要忘记打领带。打针织羊毛领带是乡村漫步时的绝佳选择。领带可以防止热量从衬衫领和脖子之间的空隙散发出去,从而起到保暖的作用。在紧急情况下领带大有用处,它可以充当临时吊索,也可以将夹板固定在骨折部位。可以穿马甲,但是要细心挑选一件有整齐口袋的马甲,方便携带有用的小物件,如安全别针、火柴或零钱。

再搭配一件结实的花呢外套就更完整了。羊毛织物可以防雨水,有吸湿保干的作用,即使长期处于潮湿环境下,羊毛也能够吸收自身重量30%的水分而没有潮湿感。即使完全被浸湿,羊毛织物仍能保暖。此外,它还能让你不沾上荆棘刺。

至于鞋子,没有比结实的粗革皮鞋更好的了(或是步行靴,如果你打算冒险穿越全国、深入森林或是爬山)。优质的皮革可以像棉花和羊毛一样能吸收身体产生的水分。让袜子发挥自身作用,尽可能保持双脚干燥。如果天气有下阵雨或暴雨的迹象,披上一件大衣——可能是一件传统的"阿尔斯特大衣"——再戴一顶呢帽就齐全了。

你可能更习惯穿透气性面料、牛仔布、抓绒、荧光色的莱卡、坎肩和运动鞋。然而从前的绅士知道该如何得体地开始外出的一天,他们会将风格、安全性和舒适度考虑在内。

如何保养鞋子

好的保养可以使一双价格不菲的皮鞋穿上很多年。皮革(兽皮)是一种透气材料。它可以吸收脚汗,有助于保持脚部干燥,防止细菌在温暖潮湿环境里滋生进而诱发脚部问题。

在挑选鞋时,确保它合脚。试鞋时,脚上应该配穿这双鞋时的袜子。如果你打算搭配厚羊毛袜穿,穿薄棉袜试鞋就错了。如果鞋子太大,脚会四处移动,容易磨脚跟、起水泡。步行一天,你的脚会发胀,因此,傍晚试鞋最好。虽然穿久了皮鞋会变大,但是鞋子不能太紧并且大脚趾距离鞋子前方最好有一指宽的距离。你的脚趾应该能在鞋子里自由弯曲。

要使新皮鞋保持崭新的样子,在不穿鞋子时,可将鞋楦放进去。杉木最好,它可以吸收皮革里积聚的汗水或水分,所以有助于鞋子自然变干。杉木还可以保持鞋型,避免折痕过重导致皮革断裂。用柔软的湿布擦去灰尘、泥土,在鞋子复原、冷却、变干之前避免擦拭皮鞋。鞋子应该自然干,即使在被倾盆大雨浸湿后。把鞋子放在火或者其他热源前面烘烤,鞋子会断裂。准备清洗鞋子时,先用软布或者软刷擦去鞋子上的灰尘。盐渍——皮革上难看的白斑——可以用一杯热水稀释一勺白醋去污。用软布蘸取稀释的白醋后轻轻擦拭污渍,待污渍去除后让鞋子自然变干。

给暴露在潮湿天气下的鞋子涂抹防水油。防水油是蜡、油和动物脂油的混合物,数百年来一直被用于皮革的防水。应该将防水油擦到皮革上,尤其注意接缝和贴边处,然后待油变干。然而,即使好的防水剂也不会像传统抛光一样使皮鞋锃光发亮。一般情况下,好的鞋油会浸透皮革,使皮革变软。不涂抹防水油,好鞋油自身也可以有效防水。

人们设想过用自制物品代替传统鞋油,如:用香蕉皮清洁鞋子。但没有一个方法真正发挥作用。即使专利的擦鞋布或液体鞋油涂抹器也只能在紧急情况下使用,因为它们不能将鞋油完全渗透到皮革里,远不及打磨的效果。用软布或鞋刷将鞋油涂抹在鞋子上,划圈擦拭直到吸收。少量的抛光可以坚持很久。如果有少量鞋油未被吸收,稍等片刻,然后用软毛鞋刷刷鞋直到皮鞋出现光泽。最后再用干净的软布擦拭皮鞋。不要试着把靴子擦到像阅兵式时卫兵脚上穿的那样，闪亮如镜面一样。用这样的方式保养鞋子，蜡的使用量严重超标，而且老士兵们都知道，长征或打仗时"最亮的鞋子"破裂速度反而快。

如何锁边

近年来，穿裤脚拖在地上的长裤不幸成为一种时尚。过不了多久，布料就会发生磨损，破裂，极其不美观。宽裤腿的裤子还有一个弊端，裤脚可能被电梯夹住，你也容易踩到一只裤脚将自己绊倒。解决方法就是自己动手修改裤腿的长度，简单快捷。

所需条件

（1）一条超长的裤子；
（2）一个电熨斗和烫衣板；
（3）一副卷尺或量尺；
（4）一把剪刀；
（5）六个别针；
（6）一根缝合针和裤料颜色相近的线。

怎么做

（1）按照常理，你会想让裤子的长度与鞋子相配，而不是长得拖在地上。在修改裤子之前你要先穿上，照镜子看下长度。然后弯下腰来，把长的部分由内向外往上卷起来。在得到满意的裤长之前你需要多调整几遍。

（2）当你对裤子长度感到满意的时候（要注意一下新裤子或牛仔裤会有些缩水，所以你应该让裤腿堆一点在鞋上，比你想要的稍微长点），蹲下来用别针把边锁好。走针的时候要从外往内，与裤边平行，然后再由内往外,重复6次。

（3）脱下裤子,把它翻过来,然后折叠平整。现在你可以把别针去掉了。

（4）把衣服放在熨衣板上,在合适的地方熨烫褶边。

（5）褶边的深度要合适。不要长于5厘米,也不要短于2.5厘米。剪掉多余的部分,以留出可操作的足够的褶边。

（6）穿针。你需要大约10厘米的线来穿针,而且缝制时要用手指固定住半圈的线,以免线从针鼻里被抽出。

（7）从线卷上抽出45厘米长的线并剪断。在线的末端打一个足够大的结,以保证当你缝制时,线不会从衣服里全被拉出来。

（8）在剪断的边缘处,把针从外边（当裤腿被翻过来时,外边就会变成里边了）扎进褶边里,然后把线一直向上拉到打结处。在裤子的接缝处开始缝,而不是在中间。

（9）在靠近线的边缘处的地方,用针尖在裤腿的被缝制的布料处挑出一些线。不要一直在布料上拉针线,否则会看见褶边的针脚痕迹。把线拉紧,然后沿着褶边再重复这一过程,缠绕大约1厘米的线。重复这一过程直到整个褶边缝好为止。

（10）缝完后,将针从褶边里穿出,拉紧线,然后用针穿过收缩线圈打个结。

一只裤腿锁好边后,再将裤子向外翻。对照第一条裤腿,测量锁第二条裤腿需要向内侧卷多长布料——毕竟大部分人两条腿的长度大体相同。

如何缝纽扣

精致服饰的外观会因为一枚丢失或松动的纽扣大打折扣。其实缝纽扣很简单。

所需条件

(1) 一枚纽扣,最好是原配或与之相匹配的;
(2) 一根缝纫针;
(3) 线;
(4) 剪刀。

怎么做

(1) 找一颗与其他纽扣相配的新扣子,一股与衣料和扣子颜色相协调的线。

(2) 剪一英尺长(30厘米)的线。

(3) 穿针引线。这需要有一定的耐心,光线要明亮。不要因为线穿不进针眼而着急生气,否则很可能会把手指刺伤。用唾沫润湿线可以降低穿线的难度。

（4）当针在线的一半位置时，在线尾打个结。将线的两端打一个结。打两个结更结实。

（5）把纽扣放在缝补处，将针从下至上穿过布料穿进一个纽扣孔。用手一直拉针线，之前打的结可以将线固定在纽扣后面的布料里。

（6）现在将针穿过另一个纽扣孔从背面穿过。如果想让纽扣缝得松一些，就不要把线穿得太紧。

（7）纽扣一般有两个或四个孔。按照上述第5和第6个步骤，每个孔尽量缝三次，确保纽扣缝结实。

（8）缝完最后一针时，针要放在衣服的里侧。将松的线头打双结固定。

如何缝补袜子

在现代世界中，缝补是一门逐渐被人遗忘的技术。然而，当你心爱的袜子破了一个洞时，缝补技术可以派上用场。

所需条件

（1）一只有洞的袜子；

（2）一根织补针；

（3）纱线；

（4）一个灯泡。

怎么做

（1）找一根颜色和材质都与袜子相匹配的线。

（2）穿针引线。织补针远比普通针大，穿线时相对容易。线穿好后，不需要担心在哪一端打结。

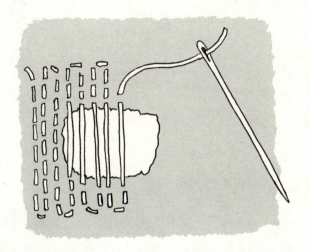

(3)将灯泡塞进袜子里,你可以透过需要缝补的洞口看到灯泡表面。这给你提供了操作的模型。

(4)在距洞口0.5英寸处缝入一些平针。用针脚较小的平针可以均匀缝住一块布料。完成一行之后,把线双股绕回去在第一行旁边再缝入下一行。越靠近洞口,每一行的针脚应越多。

(5)一旦靠近破洞处,用线将破洞处缝合起来。从洞下面大约0.5英寸处把线织入,直至上面0.5英寸处。这样完成一行之后,接着绕回去重复缝补另一行。不要把线拉得太紧,因为这样会使袜子变形。

(6)当整个洞口被垂直的针脚盖住,距洞的另一边缘0.5英寸处时,就把线的一端剪断。

(7)现在开始在洞上面用十字交叉法缝补,在原来的线上下方来回缝补。

(8)这样来来回回,直到将洞口完全缝住。然后修剪掉多余的线头。

结束语

"经验是最好的老师"这句老话说的是事实。具有冒险精神,能做到自力更生、独立的人都知道能力是从知识、经验和常识中获得的。他同样知道、赞成并运用这句听起来很古老的军事格言:"在侦查上花工夫是不会白费的。"

为了达成目标,他会搜集并阅读与本书内容相关的书籍和文章,学习有关如何识别可食用植物的相关知识(包括菌类,其中一些有剧毒),寻找淡水的技巧,导航和自卫。在许多情况下,他会参加专业课程的培训,内容从潜水到救生,涉及急救等基本生存技能。学习一些将来可能用于自救或者可以救人性命的基本技能。在公共图书馆和互联网(两者互通)这两个"高等学府"里可以找到所需的全部资料。

准备就绪后,就可以用冷静的头脑和常识去应对任何突发状况。这样他在途中,就会发现自己的冒险变得多么充实愉悦!